D1691721

WOLFGANG MAXIMILIAN SCHNELLER

… und immer noch
ins Weite!

Poesie auf dem Jakobsweg
Weg-Inspirationen für Pilger

WOLFGANG MAXIMILIAN SCHNELLER

… und immer noch ins Weite!

Poesie auf dem Jakobsweg
Weg-Inspirationen für Pilger

www.wagner-verlag.de

Ein Buch aus dem WAGNER VERLAG
Korrektorat: Marianne Glaßer
Umschlaggestaltung: Wagner Verlag

1. Auflage

ISBN: 978-3-95630-423-1

Bibliografische Information der Deutschen Nationalbibliothek:
Die Deutsche Nationalbibliothek verzeichnet diese Publikation in der
Deutschen Nationalbibliografie; detaillierte bibliografische Daten sind
im Internet über http://dnb.d-nb.de abrufbar.

Copyright © 2015
Wagner Verlag | Ein Unternehmen der verlagoo mws GmbH
Langgasse 2, D-63571 Gelnhausen
www.wagner-verlag.de
Geschäftsführerin: Andrea Carmen Manes
info@wagner-verlag.de

Neue Bücher kosten überall gleich viel.
Wir verwenden nur FSC-zertifiziertes Papier.

Das Werk ist einschließlich aller seiner Teile urheberrechtlich geschützt. Jede Verwertung und Vervielfältigung des Werkes ist ohne Zustimmung des Verlages unzulässig und strafbar. Alle Rechte, auch die des auszugsweisen Nachdrucks und der Übersetzung, sind vorbehalten! Ohne ausdrückliche schriftliche Erlaubnis des Verlages darf das Werk, auch nicht Teile daraus, weder reproduziert, übertragen noch kopiert werden, wie zum Beispiel manuell oder mithilfe elektronischer und mechanischer Systeme inklusive Fotokopieren, Bandaufzeichnung und Datenspeicherung. Zuwiderhandlung verpflichtet zu Schadenersatz. Wagner Verlag ist eine eingetragene Marke.
Alle im Buch enthaltenen Angaben, Ergebnisse usw. wurden vom Autor nach bestem Wissen erstellt. Sie erfolgen ohne jegliche Verpflichtung oder Garantie des Verlages. Er übernimmt deshalb keinerlei Verantwortung und Haftung für etwa vorhandene Unrichtigkeiten.

Druck: dbusiness.de gmbh · 10409 Berlin

*Max, meinem Vater
den mir früh der Krieg entriss
dankbar gewidmet*

Zum Geleit

Es gibt Gedichte, die fliegen einem gewissermaßen zu wie ein Schmetterling, der sich für einen Augenblick auf die Hand setzt und staunende Überraschung zurücklässt, während der flüchtige Besucher längst wieder entschwebt ist. Als ich vor Jahren früh am Morgen einem herrlichen Sonnenaufgang entgegenfuhr, wurde mir aus buchstäblich heiterem Himmel ein Lied geschenkt, das diesen Moment zwar nicht festhalten konnte, ihn aber als kostbare Erinnerung bewahrte (siehe „Morgenlied" Seite 143).

Daneben gibt es natürlich auch Gedichte, die aus tiefen Erfahrungen erwachsen. Es sind Versuche, etwas eigentlich Unsagbares, dem oft eine mystische Dimension eignet, ins rechte Wort zu bringen. Manchmal verhindert die eigene Scheu ein solch inneres Empfinden auszusprechen, weil es zu persönlich, zu zerbrechlich scheint. Andererseits kann ein Gedicht Unsagbares doch fassbar mitteilen, ohne die Zartheit und Schönheit des Erfahrenen zu gefährden.

Meine Weg-Gedichte sprechen oft von Entwicklungen und Werdeprozessen – von der Dynamik menschlicher Lebenswege. Die jahrzehntelange Erfahrung in der Begleitung von Pilgern auf dem Jakobsweg spielt dabei mit. Diese Pilgerstraße wurde ja zum Symbol menschlicher Sinnfindung schlechthin. Ihr Geheimnis erschließt sich jedoch nicht im nur touristischen oder kunsthistorischen Befund, sondern eigentlich erst im achtsamen Sicheinlassen in seine spirituelle Botschaft. Ihre Sprache ist so vielfältig und facettenreich wie die Kostbarkeiten, Landschaften und Menschen entlang des Weges (Kapitel I JAKOBSWEG).

Dass Gedichte in der Stille entstehen, versteht sich eigentlich von selbst. Welche Sprachmacht sich im Schweigen entfalten kann, war für mich eine große Erfahrung, als ich die fernöstliche Meditationsform des täglichen Sitzens in der Stille (za-zen) kennenlernte. Sie ist für mich seit nunmehr über vierzig Jahren eine unentbehrliche Kraftquelle für Seele, Geist und Leib. WEGE IN DIE STILLE – WEGE AUS DER STILLE (Kap. II) stehen jedem Menschen offen – jeden Tag.

Als Christ bedeuten mir GLAUBENSWEGE (Kap. III) sehr viel, gerade weil sie die Dynamik des Menschlichen in sich tragen und zugleich den Horizont zum Göttlichen weiten. Mystische Erfahrung einerseits und Bodenhaftung im Alltäglichen andererseits ermöglichen ein Überschreiten erstarrter Gottesbilder – dazu können Gedichte manches anstoßen.

Wer mit wachen Sinnen und unverstellter Wahrnehmungsfähigkeit durch die Welt geht, wird von der Natur in ihrer unplanbaren und schöpferischen Vielfalt berührt. Die Gedichte WEGE DURCH JAHRESZEITEN (Kap. IV) wollen nur ein paar bunte Blätter vom Kalender eines Jahres sein. Manche erscheinen schlicht und besagen vielleicht nicht viel. Andere laden zum Verweilen ein und können aus dem eigenen Inneren ungeahnte Bilder aufsteigen lassen. Überraschungen sind nicht ausgeschlossen!

Was unser Leben so kostbar und einzigartig macht, sind oft nicht die großen Ereignisse, sondern noch mehr DAS KLEINE SCHÖNE (Kap. V), das uns urplötzlich überrascht oder auch als leise Ahnung berührt. Es sind die kleinen Dinge, die den grauen Alltag verzaubern, inmitten scheinbarer Tristesse die Schönheit des Daseins enthüllen und Ausblicke in eine große Weite schenken können.

So lade ich Sie ein, dem besinnlichen und heiteren Spiel der Sprache in diesen Gedichten zu folgen. In Ihrem hörenden Herzen mögen sie den Widerhall finden, der Tore ins Geheimnis des Lebens öffnen kann.

Wolfgang Maximilian Schneller

Der Weg hat ein Ziel
er empfängt dich täglich neu
absichtslos offen

I JAKOBSWEG

Brich auf, mein Herz

Brich auf, mein Herz, zieh aus,
jetzt ist die beste Zeit,
lass deiner Heimat Haus,
zum Abschied sei bereit.

Treibt mich der Sehnsucht Flut
von alten Ufern fort,
weiß doch unwissend gut
mein Herz den sich'ren Hort.

Es ist in allem Hoffen
furchtloses neues Wagen,
die Horizonte offen
und treue Wege tragen.

Ich will mich ganz vertrauen,
mein Herz, kein Weg zurück –
in tiefstem Innenschauen
geht mit mir Himmelsglück.

Vor der Pilgerschaft

Der Tag des Aufbruchs naht
zu meiner Pilgerreise –
ein wenig ist mir bang.

Was hält die Fremde mir parat –
in andrer Lebensweise
ein neuer Übergang?

Es ist kein Müssen, das mich zieht
in neues Seh'n und Spüren –
ich will mich ledig lassen.

Da ist ein Klang, ein Ruf, ein Lied,
ein Sehnsuchtsort mit off'nen Türen
und weite, ferne Straßen …

Pilgerschaft – ein heil'ges Spiel,
Gewohntes herzugeben,
um neu mich zu gewinnen?

Ich breche auf, ja, doch, ich will
mit meinem ganzen Leben
pilgern mit allen Sinnen!

Jakobsbrunnen im Schnee*

Kristallklar legt sich weiße Pracht
auf der Erde Falten,
verwandelt alles über Nacht
in andere Gestalten.

Am Brunnen – schau, im Pelze
sitzt unser Pilger still
und wartet auf die Schmelze,
wann sie wohl kommen will?

Ob er vom Wege träumt,
vom Aufbruch in die Weite?
Ob bald der junge Frühling keimt,
wer gibt ihm das Geleite?

Jetzt ist es gute Zeit zu warten,
doch bald schon wächst der Tag
zu einem grünen Garten
und bringt den Amselschlag.

Der Pilger wird sich recken
und neue Wege finden,
mit Ränzel und mit Stecken
ins ferne Land entschwinden.

Du mach dein Herze weit,
wach auf zu neuen Stufen!
Bald kommt die rechte Zeit,
lass dich zum Aufbruch rufen!

---

* Der verschneite Jakobsbrunnen vor der Pilgerherberge Haus St. Jakobus in Oberdischingen gab den Anstoß zu diesem Gedicht.

Pilgerschaft

Zieh aus – in weite, freie Räume,
auf Wegen, die dich an sich ziehen,
doch bleib in ihnen nicht zu Haus.
Entflieh dem Labyrinth
der Mauern, Zäune, Einbahnstraßen,
lass dich mit ungehemmtem Schritt
nur noch vom Ziel umarmen,
das dich sich auserwählt'.
Erlausche
der neuen Schritte Melodie,
der Worte, Weisen und Gesänge
Urgebärden.
Leg ab die Fesseln
ausgetretener Pfade
und fliehe vor den Lebenslügen.
Heb auf dein Herz zur Sonne
in himmelweite Fernen
zum Sternenweg!
Durchstoß der Ängste Nebelschleier,
tauch in die Hoffnung ein
des neuen Aufbruchs.
Lass deiner Seele
weite Flügel wachsen,
lass deinen Atem
zum Schöpfgefäß der Tiefe werden,
trau und gehorche
der sel'gen Kraft in deinem Pilgern.
Der Weg wird auferstehen
durch deine Spur!

Ins Eigene

Wir gehen nach Santiago nicht
zu suchen heil'ge Knochen dort
noch Kräfte stark und wunderbar,
auch nicht am End' der Welt ein Licht.
Es ist ein and'rer, inn'rer Ort,
so nah, so tief, so rein und wahr:

Wir sind ins Eigene bestellt
und aller Wege Sinn und Ziel
will uns zum Innersten erheben.
Liegt brach auch unsrer Suche Feld
mit ungelösten Fragen viel,
es geht ums Ganze: unser Leben!

Der Weg eröffnet tief und weit,
woher, wohin die Seele drängt
und welchem Grund sie will vertrauen.
Es ist die tiefste Wirklichkeit,
die alles Leben trägt und lenkt –
sie führt ins Große Schauen.

Sehnsuchtsweg

Ganz unverhofft
und nicht so oft
berührt mich großes Sehnen.
Aus Tiefen, Weiten
erklingen Saiten –
was soll in mir ertönen?
Mich zieht's hinaus,
weiß nicht, woraus –
muss ihm nur immer folgen.
Mit jedem Schritt
geht etwas mit
wie ruhelose Wolken.

Nie mehr verklingt,
was in mir singt,
denn alles drängt zur Wende,
bis sich erfüllt
mein eigen Bild
und ein glückselig' Ende.

Steh auf und geh!

Ein Licht vielleicht,
ein kleines,
wenn du
in ein Wunder stolperst,
stumm, blind und lahm,
doch übergossen
von neuer Wirklichkeit?

Lass dich nicht täuschen,
sondern wecken.
Und nüchtern treu
steh auf und geh,
denn dieses eine Mal
genügt vielleicht
für immer.

Trau deinem Weg

Wasch deine Träume sacht
vom Trauerstaub der Sage,
lass durch der Sterne Macht
dich Antlitz sein bei Tage!

Trau deinem Weg ins Bange,
du bist von ihm erwählt,
er hat dem Ziel schon lange
von deinem Traum erzählt.

Und wenn du einst die Tür
der Herrlichkeit berührst,
liegt neuer Weg vor dir –
dass du ihn nicht verlierst!

Aufbruch-Gebet

Herr, lass mich Hausgenosse sein
in deiner Wohnung Zelt
und mitten in der Welt
nicht zählen mein und dein.

Lass wie ein schlafend' Kind
mich lassen deinem Weg,
und meinem Zweifeln leg
Erbarmen um geschwind.

Will bleiben Pilger nur,
auf dich hin ausgestreckt,
denn du hast mich bewegt
zu täglich neuer Spur.

Wie tief auch Finsternis
mir Schritte hemmen will,
mich in dein Schweigen hüll',
dann wird der Weg gewiss!

Dann öffnet sich das Land
in Weite, Nähe, Leben –
in ewig-jungem Geben
führt treu mich deine Hand.

Aufbrechen will ich heut' –
entzündet herzenstief,
du bist es, der mich rief!
Geh mit – jetzt ist es Zeit!

Fernweh

Uns zog ein gemeinsames Ziel,
als hätte uns Einer geladen,
uns lockte wie seliges Spiel
der Pilgerschaft mystische Gnaden.

Kein Ort, der vermochte zu binden,
der Morgenwind wehte uns fort,
wie Zugvögel wollten wir finden
der Sehnsucht verheißenen Hort.

Der Weg offenbarte uns Schätze,
er spannte sich über die Zeiten,
er lehrte uns neue Gesetze,
schwang sich mit uns in die Weiten.

Die lockenden Rufe im Ohr –
voll Widerhall ein jedes Herz,
treibt's uns hinaus und empor –
Heimweh will sternenwärts.

Schritte werden Weg

Du gehst mit uns die vielen Schritte,
du träumst mit uns den gleichen Traum,
und ahnend, glaubend wird der Raum
der uns umfängt, zur heil'gen Mitte.

Es führt uns *eines* Geistes Mut,
er öffnet Weiten, breitet Schwingen,
ein Lied beginnt in uns zu singen,
entzündend einer Liebe Glut.

Und Blinde preisen neues Schauen,
denn ihre Schritte werden Weg;
auch deine Spur wird fester Steg
zu lebensvollem Urvertrauen.

Lass frischen Quellen ihren Lauf,
wirf dich als Pilger in den Wind,
vertrau dem Wege wie ein Kind –
Gott geht ja mit – brich ruhig auf.

Geh anderem Leben froh entgegen,
Verheißung lockt zum Hoffnungsufer:
Er ist der Weg – Er ist der Rufer,
Er ist auch deiner Schritte Segen.

Noch kenne ich dich nicht …

Noch kenne ich dich nicht,
du lieber Weg, doch schau,
ich traue mich und träume,
dass du mich führst ins Licht,
wenn auch durch Dornverhau,
in neue Lebensräume.

So fremd an jedem Ort
und doch geborgen ganz,
in festlichem Gemüt
folg' ich dir fort und fort,
schon ahnend, welcher Glanz
uns beide vorwärts zieht.

Ich lass dich und empfange
dich immer wieder neu,
damit ein jeder Schritt
zum Sternenziel gelange,
wo mich erwartet treu
der Großen Liebe Lied.

Der Große Weg

Was ist die Kraft, woher das Sehnen,
was zieht uns unerbittlich fort
an den fremden, fernen Ort,
wo wir Geheimnisvolles wähnen?

Nicht die Stadt mit ihrer Gruft,
der Legenden Sternenlicht,
und auch der Erde Ende nicht
wo uns des Meeres Weite ruft.

Magische Kräfte sind es kaum,
erfühlt in mythischen Symbolen,
die Wirklichkeit aus Tiefen holen –
es ist der Weg als Lebensraum.

Der Weg in göttlich-dunkle Nacht,
der in und über alles führt,
der uns verwandelt, neu gebiert,
er ist's, der uns zu Pilgern macht.

Es ist der Große Weg nach innen,
dem alles Äußere nichts und leer,
der nur das Eine immer mehr
täglich will: ein Neubeginnen.

Aufbruch

Des Lebens wechselhafte Zeiten –
Zugvogelunbeständigkeit –
stets unruhvoll zum Flug bereit –
drängen in aufbruchsoffene Weiten.

Eines Tags – nach stillem Ringen,
dem Herzen folgend wie ein Kind,
wirft sich der Pilger in den Wind,
nicht fragend nach Gelingen.

Denn mehr als Wege oder Sagen
lockt Eines über allem Sein,
unsagbar groß, sich ihm zu weih'n
und wert, sich ganz und gar zu wagen.

Was unauslöschlich zieht und zehrt,
was über Rausch und Tränen siegt,
was einzig nur als Ziel genügt,
bist du, mein Gott, der mich begehrt.

Jakobus im Konstanzer Münster[*]

Da oben steht er sakrosankt[1] –
zu beiden Seiten schön umrankt
von gotischen Wimpergen[2],
erwartungsvoll, um auszugeben
ein paar von seinen Wanderstäben,
die soll'n die Pilger stärken.

Dazu den Muschel-Pilgersack,
der Vorrat hält für einen Tag,
denn mehr ist nicht vonnöten.
Und Gottes Wort an seiner Brust
mahnt uns: Bewahrt es voller Lust,
vergesst es nicht, zu beten!

Er gibt uns auch sein Lächeln mit,
ob wir allein, zu zweit, zu dritt
uns auf den Weg begeben,
er ist mit uns auf Schritt und Tritt,
bis unser Aug' die Türme sieht
und wir das Ziel erleben.

[*] Jakobusfigur in der Rotunde des Münsters zu Konstanz (12. Jh.)

---

[1] sakrosankt: erhaben, unnahbar, heilig, unverletzlich
[2] Wimperge: Architekturelement der Gotik: Ziergiebel, oft mit Ranken oder Blumen

Felsenkapelle*

Ein Pilger suchte Sinn,
bereiste viele Länder,
war überall ein Fremder,
sah nirgends lange hin.

Auf einer Felsennadel
betritt er die Kapelle,
beäugt sie einmal schnelle,
entdeckt nicht ihren Adel.

Doch fragt er einen Alten
aus reiner Wissensgier:
Gibt's was Geheimes hier,
was lohnt, es zu behalten?

Der lädt ihn ein zu schweigen,
zu lauschen in den Raum,
den steingeword'nen Traum,
gekrönter Säulen Reigen.

Da rührt ein neues Wagen
des Unruhvollen Herz
und heimlich, himmelwärts
erfüllt es seine Fragen.

Er schaut und ahnt es wohl,
wohin er tastend spürt:
Nur was zum Staunen führt,
ist vom Geheimnis voll.

* St. Michel sur l'Aiguilhe in Le Puy-en-Velay/Frankreich

Conques*

O Tal, gefüllt mit großen Namen,
aus dir erblüht so leicht und groß,
was ausgesät mit ewigem Samen,
durchflutend deiner Jahre Los.

Wie abgeschieden allem Sein,
verträumt im grünen Quellengrund,
Geheimnis atmend, ganz allein
tust du mir deine Wunder kund.

Der Pilger findet linde Rast,
bleibt staunend wach im Schauen,
oh nimm mich auf als stillen Gast
nur bis zum Morgengrauen!

* Conques (Aveyron) liegt in einem muschelähnlichen Tal und birgt die Basilika Ste. Foy (Hl. Fides) mit romanischem Tympanon (12. Jh.).

Kreuzgang in Moissac*

Säulen sind wie Lebensjahre,
in Bögen fest verbunden,
und rätselhafte Bilderpaare
beschau'n geschöpfte Stunden:

Erzählend, was ein Leben prägt,
erblüht der Stein in Bildern,
er will bewegend unbewegt
erfülltes Dasein schildern.

Wie fruchtgekrönte Bäume hält
ein jeder Pfeiler Last,
und in der Leere schwingt beseelt
ein Sein und lädt zur Rast.

So bleib du selbst im Bogengang
zum Bild in dir gewandt.
Den du gesucht ein Leben lang,
ist in dir ausgespannt.

Der täglich Licht
und Schatten gibt,
in Leid und Glück
verwoben,
er ist's, der suchend
dich geliebt
und ganz zu sich erhoben.

* Der romanische Kreuzgang (1100 vollendet) der ehemaligen Abtei von
  Moissac im südfranzösischen Quercy zählt zu den großen Kostbarkeiten
  an der „via podiensis" von Le Puy nach St. Jean-Pied-de-Port.

Jakobspilger

Welches Sehnen lenkt die Schritte,
welche Kraft verzehrt den Schmerz
der Pilger, die aus ihrer Hütte
aufgebrochen sternenwärts?

Nach langer Nächte dunklem Sinnen
werfen sie sich in den Wind
der Wege, ziehen still von hinnen,
treten ein ins Labyrinth.

Jenseits fernem Horizont
lockt Erwartung: Gnadenmeer.
Traumbesessen, staubbewohnt
geh'n die Füße tränenschwer.

Vom Ziel des Weges ganz umhüllt
eilen sie von Stund' zu Stund',
zieh'n voran als Schattenbild,
folgend ihrer Seele Grund.

Einmal kommt ihr Schritt ans Ende,
wenn Hände Tür und Tor ergreifen
und des Verstandes Widerstände
im Herzen zum Erkennen reifen.

Brich auf, geh deinen Sternenweg,
folg deiner Sehnsucht fromm.
In deiner Träume Stimme leg
die Antwort: Ja, ich komm!

Pilgerherberge

Es ist ein großes Glück,
wenn man erwartet wird
und ein Willkommen grüßt.
Da ist kein Blick zurück
und nichts mehr, was verwirrt,
ein Haus, das Heimat ist.

Ich darf mir Ruhe gönnen
und müde Beine strecken,
genießen kühlen Trank,
mich in die Stille lehnen
und neue Kräfte wecken
und träumen voller Dank.

Und Engel um mich her –
die tragen alle Mühen
zum Himmel leicht und frei.
Nun ist mir nichts mehr schwer,
dass es beim Tagesfrühen
ein neuer Aufbruch sei.

Es geht

Nur keine Angst vor übermorgen!
Vertrau – du bist inmitten
des Lichts, in dem du wohl geborgen
in allen deinen Schritten.

Ein Gehen führet deinen Gang
geheimnisvoll und nah,
ist deiner Kräfte Lebensdrang,
in Liebe immer da.

Nichtwissend schreite sicher fort;
der dich als Weg bewegt,
er hat dich als sein Bild und Wort
ganz in sein Herz gelegt.

Eunate – Kirchlein im Kornfeld

Ein weites Nachtigallental
inmitten weiter Fluren,
darin romanisch ideal
vergangener Zeiten Spuren.

Warm getönter Buntsandstein,
geformt zum Oktogon,
von Arkaden wie ein Schrein
umschlossenes Pantheon.

Seit Jahrhunderten allein,
allein – bei Tag und Nacht,
bewahrt es ewig gült'ges Sein,
uns Heutigen zugedacht:

Gebaut im Geiste seiner Zeit,
voll Schönheit, rein und klar,
zeigt's heiter in die Ewigkeit,
eindringlich, schön und wahr.

* Das romanische Achteck-Kirchlein Sta. Maria de Eunate, im 12. Jh. von
Templern erbaut, liegt kurz vor Puente la Reina inmitten der Kornfelder
Navarras.

Jakobus in Puente la Reina*

Fremd trete ich ins Dunkel ein
mit blinden Herzensaugen
und spüre doch ein Nahesein,
dafür soll ich wohl taugen.

Es ist ein tastendes Beginnen –
wie eingetaucht in Licht.
Ich lausche ahnungsvoll nach innen –
ruft mich dein Angesicht?

Du siehst die Suchenden und Frommen
und weißt um ihre Wunden,
die du wie alle wir bekommen –
du hast das Ziel gefunden.

Begleite du mein Dürsten treu
zum Brunnquell allen Seins,
dann wird aus tiefsten Tiefen neu
Quelle und Sehnsucht eins.

Was ich noch immer heut' nicht bin,
das will ich werden, will ich sehen.
Du machst mir Mut zum Neubeginn,
will frohen Herzens – gehen …

---

* Die Jakobusfigur in der Santiagokirche (16. Jh.) von Puente la Reina/ Navarra zählt zu den Meisterwerken spanischer mittelalterlicher Kunst.

Pilgerbrücke*

Da ist die Brücke, und sie will mich führen.
Sie trägt den Weg und mich dahin,
und ihre Bögen sind Versprechen.
Des Anfangs frischen Zauber will ich spüren,
schon ahn' ich meiner Schritte vollen Sinn
und wag's, von Neuem aufzubrechen.

Noch einmal gehen meine Blicke
zurück – da ist viel staunendes Gedenken,
und Hoffnung ist gewachsen voller Kraft.
Doch wendet alles sich in mir zur Brücke,
verheißungsvoll will sie mich lenken
zu neuer Freiheit Pilgerschaft.

Und über meiner Sehnsucht stille Träume
schwingt sich voll Spannung brückengleich
Vertrauen, leicht und voller Kraft.
Es öffnen sich wie Blüten Lebensräume;
und siehe da: In mir wird heil und reich,
was noch in Wunden liegt so rätselhaft.

Die Brücke meiner Jahre spannt sich weit,
sie runden sich in allen Lebens Fluss.
Da will in Ewigkeit nichts mehr zurück.
So geh ich off'nen Herzens durch die Zeit,
weil ich voran zu neuen Ufern muss –
zum Ziel, zu meinem großen Glück.

---

* Die mittelalterliche Pilgerbrücke über den Arga in Puente la Reina
  vereinigt die über die Pyrenäen kommenden Jakobswege. Das Bild
  dieser Brücke ziert auch den Zwanzig-Euro-Schein.

Brücken

Das Leben will Getrenntes stets verbinden,
des Daseins Ziel und Atem ist die Liebe.
Uns allen inne wohnt ein sehnliches Empfinden,
dass dir und mir stets eine Brücke bliebe,
die uns vereinigt über Schluchten hin,
die uns der Angst entreißt vor Toden,
dass uns ein Bogen trägt zum Neubeginn
und wieder uns entlässt auf sicheren Boden.

So lass in freien Bahnen schwingen,
was in dir drängt zu neuen Übergängen,
denn drüben wirst du neue Lieder singen,
dich lösen ganz von gestrigen Gesängen.
Nun eint sich, was getrennt, in dir zum Ganzen
und neue Schöpfung wacht zur Liebe auf.
Wer Brücken überschreitet, kann auch tanzen –
der Weg tanzt mit und ruft dir zu: Glückauf!

Neuer Aufbruch

Wenn ich die Augen hebe
zum All der Ewigkeit,
dann spür ich, dass ich lebe –
beschwingte Seligkeit.

Wenn ich den nächsten Schritt
der Wirklichkeit vertraue,
dann geht die Seele mit,
sie weiß, worauf ich baue.

Noch hinter schweren Pfaden
lichtfunkeln Gottesgründe
in Spuren voller Gnaden,
im Nichts der Zeitenwinde.

Der Weg umarmt mich wieder –
er wird mich führen, tragen.
So sing ich meine Lieder
und will's aufs Neue wagen.

Ballade vom Hühnermirakel
in Santo Domingo de la Calzada*

Seit Wochen wanderten sie schon,
ein Ehepaar mit seinem Sohn,
der Mundart nach vom Niederrhein,
aus Xanten, hieß es, soll'n sie sein.

Sankt Jakob haben sie versprochen
die Pilgerschaft von vierzig Wochen –
aus Dankbarkeit, mit frohem Mut,
weil eine Krankheit wieder gut,

die ihrem Sohn mit knapper Not
fast gebracht den sicher'n Tod.
Nun aber, da sie ausgetobt,
haben sie sich angelobt

Sankt Jakob, und die Pilgerreise
sei Gott zur Ehr' und ihm zum Preise,
und auch Unserer Lieben Frauen
wollt' man sich gnädiglich vertrauen.

Die Reis' geht gut, man kann nicht klagen,
wenn auch manch' fremde Speis' im Magen
und saurer Wein in fremden Landen
nicht immer ihr Gefallen fanden.

Sie gehen vorwärts – ins Gebirg',
dahinter Spanien sich verbirgt,
und nach der hohen Felsenwand
zieh'n sie hinein ins Jakobsland.

Sie queren Flüsse, Bäche, Straßen,
sie finden Herberg' zwischen Gassen
von Dörfern mit gar selt'nen Namen.
Man staunt, woher sie alle kamen:

von Bayern und vom Schwabenland,
von Flandern, Prag und von Brabant.
Sogar zwei Edelleut' von Bern
kamen des Wegs und blieben gern.

Wie lobenswert ist, wenn am Abend
man eine Herberg' findt und labend
sich an Brot und kühlem Wein
und alle Glieder ruhen fein.

So kamen unsere drei fürbass
nach San Domingo von der Straß' –
nach einem heil'gen Mann benannt,
den man als Straßenbauer kannt'.

Er sah der Pilger Müh und Not,
wenn sich kein Steg durchs Wasser bot,
sah viele falsche Wege irren,
drum wollt' er sich're Straßen führen.

Sankt Domingo von der Straße
war ein Heil'ger von der Rasse,
all seine Kraft darauf zu lenken,
sich dem Pilger zu verschenken.

So kamen also die aus Xanten
im Wirtshaus an, das sie nicht kannten.
Ein Zimmer gab's, der Preis war hoch,
doch weil man müde war, so kroch

man bald und dankbar in das Bette.
Dem Jungen aber war's, als hätte
er von der Magd heimlich vernommen,
er sollt in ihre Kammer kommen.

Sobald die Alten schliefen fest,
hätt' sie für ihn ein Freudenfest,
und ihre Augen sprühten Feuer:
Du blonder Deutscher, komm, mein Freier!

Hast die Wirtsdirn g'sehen, Mann?
So stößt die Frau ihr'n Gatten an.
Die möcht' wohl unsern Jungen reizen,
kann ja nicht grad mit Reizen geizen.

Ihr Blick ist voll von sünd'gen Lüsten,
weiß sich zu wiegen mit den Brüsten!
Doch schau, er merkt's nicht, welch ein Glück!
Was soll des Mädchens böser Blick?

Tja, Kind, das ist des Christen Stärke,
dass er treu steh' zum guten Werke.
Als frommen Pilger reizt kein Fädchen
ihn an einem heißen Mädchen.

Doch was schmerzt mehr, ja, mehr als Hiebe?
Eine solch verschmähte Liebe!
Im Nu verkehrt sich Liebensglut
in Bosheit, die Gemeines tut.

Die Magd steckt den Pokal, den silbern',
ins Gepäck den frommen Pilgern,
in den Ranzen wohlverstanden
des Jungen, der ihr widerstanden.

Am Morgen sieht beim Tagesfrühen
man die drei Deutschen weiterziehen,
zuvor gestärkt beim Heil'gen Mahle
in Sankt Domingos Kathedrale.

Der Wirt indes zählt die Pokale –
da – einer fehlt ihm im Regale.
Gleich bläst die Magd ihm schamlos ein:
Die Deutschen könnten's g'wesen sein!

Warum ihr Aufbruch schon so früh?
Schnell wandelt Fremden-Sympathie
und Gastfreundschaft sich um in Hetze
und ruft die Hüter der Gesetze.

Kaum eine Stunde ist vorbei,
kommt plötzlich Reiter-Polizei
herangesprengt in scharfem Ritt:
Halt! Ranzen auf, was habt ihr mit?

Man protestiert – welch eine Schand'!
Ehrbare Pilger – allerhand!
Schweig still – leert eure Taschen aus,
mit Ehre red'n sich alle raus!

Als auch der Sohn mit laut'rem Sinn
herzeigt sein Ränzlein, findt' sich drin –
sein Herz steht still: der Silberbecher!
Schon packt man ihn wie einen Schächer.

In Fesseln, schmachvoll arretiert,
man sie nach Sankt Domingo führt.
Der Fall ist klar – es hat geklappt:
ein Dieb – auf frischer Tat ertappt!

Der Richter ist es nicht gewohnt,
dass man Dahergelauf'ne schont.
Das hier ist wohl ein starkes Stück –
den Stab gebrochen – an den Strick!

Da hilft kein Jammern und kein Zagen,
hinaus den Kerl im Henkerswagen.
Das Kreuz vor Augen – na, bereut er?
Man stößt den Jungen von der Leiter.

Da hängt der Arme – Tränen hallen!
Kann solches Unrecht Gott gefallen?
Wo kann in solchen bösen Dingen
ein' christlich Wallfahrt noch gelingen?

Bevor die Eltern gramverdrossen
nach Haus zu wandern sich entschlossen,
geh'n sie trotz allem Schmerz und Graus
nochmals zum Galgenberg hinaus.

Da hör'n sie laut und deutlich sagen:
Ihr Eltern, lasst doch euer Klagen!
Seht doch: Ich lebe, kann euch grüßen,
Domingo hält mich bei den Füßen.

Als ich am Galgen hing, erwachte
ich und spürte, wie ganz sachte
jemand stützte mein Gewicht.
Drum lauft jetzt schnell zum Amtsgericht

und meldet hurtig dies Mirakel!
Tatsächlich gab's ein Mordsspektakel!
Der Richter saß beim Essen fein,
da stürzten grad die Eltern rein:

Gott hat gesprochen, rufen beide,
unser Sohn, er lebt, abschneide
ihn vom Gerüst – Justizirrtum!
Da zornt der Richter: Ihr seid dumm!

Euer Sohn lebt nimmermehre,
wie diese Hühner aus der Röhre,
die mir als Braten gleich serviert.
Doch seht – das Wunder – es passiert!

Noch während unser Richter zetert,
sind Hahn und Henne weiß befedert
und flattern mit Kikeriki ins Weite.
Der Richter schreit nur: Schnell, ihr Leute!

Hinaus zum Richtplatz: Donnerkeil,
da hängt der Junge, ist ganz heil,
wird abgehängt, nochmals befragt.
Er hat die Wahrheit nur gesagt.

Erzählt noch von der liebestollen
Magd, zu der hätt' kommen sollen
er in jener Nacht zum Schlafen,
doch er hielt's lieber mit den Braven.

Das bringt den Richter auf die Spur.
Er fragt die Magd unter Tortur.
Sie gibt es zu – ihr Temperament
ist daran schuld! Oh böses End!

Jetzt hilft ihr kein Pardon mehr weiter.
Sie muss hinauf die Galgenleiter.
Ein Strick – ein Stoß – ein böser Tod,
und keiner, der ein Halten bot.

Kein Domingo ist zur Stelle,
denn dieser war's auf alle Fälle,
der dem deutschen Pilgersmann
in höchster Not zu Hilfe kam.

Und seit der Zeit – ich zeig's euch allen,
lebt in Domingos Kirchenhallen
ein Hühnerpaar zu Lob und Preis
des Gotteswunders – beide weiß!

* Die Ballade greift die wohl bekannteste Pilger-Legende am Jakobsweg auf,
die in vielen Variationen seit dem 15. Jh. überliefert ist.

Meseta im Sommer*

Die Kornäcker sterben den Sommertod,
die Farben verbleichen ins Weiße.
Der Mohn veratmet sein letztes Rot
und schwarze Vögel zieh'n Kreise.

Wir schreiten über berstende Schollen,
voll Sehnsucht nach Schattenkühle.
Von ferne nahendes Donnergrollen
verkündet ein Ende der Schwüle.

Der Sommer tanzt prunkvolle Reigen,
er singt mir vom Tod und vom Leben.
Ich will mich in Dankbarkeit neigen,
will mich als Frucht selber geben:

vom Blühen zur Reife in Fülle,
sich enthebend der Erde Gewicht,
dass alles ganz eins sei im Ziele,
geerntet zum ewigen Licht.

---

* „Meseta" bezeichnet die Hochebene Altkastiliens zwischen Burgos und
  León. Sie gilt mit ihren Getreidefeldern als „Kornkammer Spaniens". Die
  Jakobspilger erleben die Gegend als strapaziös und meditativ zugleich.

Inneres Fühlen

Soll ich denn fragen nicht, nicht suchen,
wenn meine Weisheit Grenzen spürt,
vertrauend, dass sich finden lässt,
was sich in Rätseln stets entzieht?

Lass ich dann auch mein Urteil ruhen
als Pause zwischen allem Ahnen,
damit in Tiefen sich verwandle,
was eines Tages neu erschaffen
als Kraft und Geist und Sinn ersteht?

Ich spür' im Weitergehen noch,
wie's in mir frei wird, froh und leer
und Höchstes meinem Herzen naht,
wie's anstimmt neue Harmonie,
ein Ganzes ohne Müh und Kunst.

Da ist so reine Gegenwart,
die mir in Klarheit Heimat schenkt
und heiter ungeahnte Kräfte
ureigen meinem Wesen weckt,
heimlich in Allem tief verwoben
ein Universum immer neu
und ein Erkennen himmelweit …

Ultreia* – vorwärts

Verweile, raste,
aber bleib nicht sitzen.
Geh vorwärts – immer weiter,
höher, tiefer!
Lass deiner Seele weiten Raum –
gewähre
in allen Zweifeln
der Sehnsucht freie Bahn,
bis dich der Glaube findet.
Vertrau dem Weg – er wird dich führen.
Vertrau der Suche, die dich treibt.
Und wenn auch Leiden
deine Schritte hemmen,
schau nicht zurück.
Dich ruft das Ziel
trotz deiner Wunden.

---

* Mit dem Ruf „*ultreia!*" forderten die Pilgerführer des Mittelalters ihre
  Pilgergruppe nach einer Rast zum Weiterwandern auf. Das Wort stammt
  aus dem Lateinischen und bedeutet etwa „auf geht's – vorwärts – weiter!".

Geschlossene Kirche

Wir stiegen Weg um Weg empor
im Strom der Namenlosen,
durchschritten vieler Kirchen Tor,
doch manche blieb verschlossen.

Was einen Pilger gleich erboste,
ihm schien's wie böser Scherz,
verstand das Zeichen nicht zum Troste,
verschloss auch noch sein Herz.

Erlausch' doch dieser Kirche Wort
grad im verschloss'nen Tor:
Nimm's an als deiner Sehnsucht Ort,
schenk ihm des Herzens Ohr!

Nimm das Verschlossene als Bild –
dein Inn'res kennt es gut,
lass Fesseln los, befreie mild
der Seele Liebesmut!

Nimm die geschloss'nen Kirchen an
als Zeichen an den Wegen,
tu mehr, als diese Kirche kann:
Trag weiter Gottes Segen!

Nach vielen still geword'nen Schritten …

Nach vielen still geword'nen Schritten
wagt nun mein unruhvoller Sinn
sich loszulassen in die Mitten
der Fragen nach Woher, Wohin.

Und nicht zu wissen, was es sei,
woher, warum – es ruhet fein.
Nur schauen, lauschen, bleiben, frei,
getragen nur vom Atem rein.

Es spricht ein Neues leis' zu mir,
weckt, was nach Licht sich sehnt:
So viel will grünen noch in mir –
gewähre ich ihm den Advent?

Erlausch' der Früchte Botschaft dann:
Was lass ich in mir wachsen, reifen?
Was will auf meiner Lebensbahn
nach neuer, großer Fülle greifen?

Des Flusses rauschendes Idiom:
Es spricht von Quelle, Lauf und Ziel;
ich spür', wie meines Lebens Strom
zum „immer weiter!" fließen will.

Heb meinen Blick auf Bergeshöh'n,
sie sind mir treue Weggefährten:
Was lass ich in mir groß und schön
als Gottes ew'ges Bildnis werden?

Nichtgedanken

Pilgerschritte sind wie Nichtgedanken,
verloren an ein fernes Ziel,
wie Wellen Horizonte viel,
sie kamen und versanken.

Aus Tiefen will ein reines Selbst sich zeigen,
noch keiner Sprache Herr,
ein Werden, still und leer
und allem Nichts zu eigen.

Was wie ein Traum noch dunkel, rätselhaft
vor mir als Weg sich breitet,
mich täglich neu geleitet,
birgt Zieles heil'ge Kraft.

Villafranca del Bierzo*

Die Töne jenes Abends sind entschwunden,
das Frühlicht hat sie fortgetragen.
Doch hat der heil'ge Ort sie eingebunden
in seinen Schatz an wundersamen Tagen.

Er hat ein Inneres, von dem er mir erzählt,
ein Spiegel, der mich sehen lehrt,
ein Wissen, das zur Liebe sich gesellt,
und wie das Sein so auch die Liebe mehrt.

* Villafranca del Bierzo ist ein Städtchen kurz vor der letzten Passhöhe des Cebreiro. Von dort öffnet sich der Jakobsweg nach Galicien hinein. Die Abendstille bei der Santiagokirche ist für viele ein mystisches Erlebnis.

Gelobtes Land: Galicien

Auf Sehnsuchtswegen hergetragen,
weiß nicht, woher, warum,
wollt' ich Unendlichkeiten wagen,
den Weg zum Heiligtum.

Jetzt hebt das Herz sich frei und froh
in sagenhafte Weiten,
fragt nicht mehr nach Warum, Wieso,
lässt alle Sinne gleiten.

Ein großer Atem füllt das Land,
verschenkt zu meinen Füßen,
wie durch ein Wunder ungenannt
führt's mich zu Paradiesen.

Da wird Verheißung offenbar
und neue Trotzkraft schwillt;
so will ich gehen treu und wahr
als meines Schöpfers Bild.

Soll ich gelobtes Land erreichen,
dass sich mein Sehnen stille,
dann werden alle Schatten weichen,
zu Haus in Gottes Fülle!

Cebreiro*

Der Blick ins Weite, frei und groß,
lässt mich nur staunend schauen.
Vor Freude schrei ich – atemlos –
ob der ersehnten Auen.

So hoch im Paradiesgefild',
eins mit den grünen Gründen,
in diesem Himmel sanft und mild
soll ich die Ruhe finden?

Der Wunderort umschließt mich still,
vollziehend heil'ge Wende,
er sendet mich zum höh'ren Ziel.
Ich geh den Weg zu Ende.

---

* Auf dem Cebreiro (1300 m) – eine keltische Siedlung mit einem eucharistischen Heiligtum (13. Jh.) – erreichen die Pilger Galicien, das Jakobsland. Von hier sind es noch fünf Tagesetappen bis Santiago de Compostela.

Der gelbe Pfeil

Elias Valiña Sampedro* sei Dank,
er konnte sehr weit sehen –
nicht nur vom Cebreiro aus
hinein in Galiciens grüne Auen.
Viel mehr noch war sein Sinn und Sorgen
verbunden mit der Pilgerschaft,
die Menschen aller Herren Länder
nach Santiago ziehen lässt.

Wie oft erfuhr er von der Klage,
dass falsche Wege irreführten
und vieler Pilger nutzlos' Suchen
wie Trauerlast den Weg verstörte.
Er folgte seines Herzens Drängen,
nahm gelbe Farbe und den Pinsel,
um allerorts in Dorf und Stadt
entlang des Wegs an Pfahl und Baum
sichtbar den gelben Pfeil zu setzen.

Ein Ordnungshüter, der dies sah,
wollte Elias streng befragen
nach Sinn, Erlaubnis, Privileg.
Doch der erklärte freien Mutes,
in visionärer Geisteskraft:
„Ich bereite nur den Weg
für eine große Invasion!"
Das Millionenheer der Pilger
dankt herzlich für den gelben Pfeil!

---

* Elias Valiña Sampedro (1929-1989) war Pfarrer in O'Cebreiro, Galicien.
 Auf ihn geht der gelbe Pfeil zurück, der wie die Jakobsmuschel nach
 Santiago führt.

Wenn ich ins Heiligtum will gehn …

Wenn ich ins Heiligtum will gehn,
frag ich mein Herz nach Ernst und Willen,
bleib nicht im Vorhof draußen stehn.
Wer könnt mir sonst die Seele füllen?

Ich frag nicht Mauern, nicht die Säulen,
frag nicht, warum, wie alt, woher.
Jetzt ist die Zeit, ganz zu verweilen,
zu spüren, was von ungefähr

in mir will Schwellen überschreiten.
Ein Beben meiner Seele naht,
ein Glück will mich zum Knien leiten,
ganz stille steht der Mühsal Rad.

Verstummend stirbt im Niedersinken
der vielen Fragen Lärm und Gier,
und ungeahnte Sterne blinken,
entsteigend eines Himmels Tür.

O sel'ges Schweigen, hol mich ein,
brich neuem Ursprung in mir Bahn!
Komm, mein Geliebter, komm herein,
verwandle mich, fang heute an!

An der Mittelsäule (Portico de la gloria)*

Nun leg ich Pilger meine Hand
herzklopfend in den Säulenstein,
die Wurzel greifen meine Finger.
Endlich da, ganz unerkannt
und doch geheimnisvoll daheim
als des Apostels Jünger.

Jetzt bin ich da am heil'gen Ziel,
weiß mich erwartet lange, lange,
als wahres Glied an diesem Stamm.
Nun schweigen alle Stürme still,
jetzt ist mir nicht mehr bange –
hier ahn' ich Gott wie Abraham.

Hier geb' ich alles aus der Hand,
ergreife – werd' ergriffen ganz,
lass dankbar Freudentränen fließen.
Betreten darf ich heil'ges Land,
erlöst aus Höll und Totentanz,
darf Frieden froh genießen!

Da singt in mir ein Jubelchor:
„Ich bin geliebt seit Ewigkeit!"
Apostelgrab, du heil'ger Schrein,
du bist das Ziel und doch nur Tor
der Liebe, die mich ganz befreit,
mich heißt Apostel sein!

---

* Früher legten die in Santiago eintreffenden Pilger beim Betreten der Kathedrale ihre Hand in die Mittelsäule des Portico de la Gloria als Zeichen des Ankommens am Ziel ihrer Pilgerschaft.

Compostela

Zwei Kräfte haben dich vor langer Zeit erschaffen,
viel mehr als nur der Geisterwelt Legenden.
Was sich in engelhaften Lichtern und Gestalten
in unsere Zeiten drängte, ruft heute uns zu Jüngern.

Zuerst war da als Mutterschoß des Glaubens Kraft,
ihm eingezeugt des Ewigen Gegenwart in Sternensphären:
des Geistes Macht – zärtlich innewohnendes Beschützen.

Dann beugte ihr sich männlich klärender Verstand:
Kraft, aus noch ungeformten Fantasien neu erfindend
und jeden Tag in immer überraschend anderem Erkennen
lebendig einen Ursprung absichtslos edel zu erschaffen.

Die beiden Kräfte wollen mächtig, huldvoll schützen,
was sich aus Zeitendickicht in die Entdeckung hob,
was sich epochenweit in immer neuen Anfang zwängte,
weil doch des Ewigen Schöpferkraft niemals versiegte.

Welch eine Würde schenkt sich hier Galiciens Erde,
dass sie den Himmel so empfangen darf als Gast.
Es ruft aus tausend Bildern, Formen, Klängen laut zu allen:
„Nun werde doch, was du berufen bist zu sein!"

O Pilger, schmiege endlich dich froh in diese Arme!
Verspüre immer mehr ein neues, tiefes Ahnen,
dass diese Zärtlichkeit dich wohl in liebevolle Fesseln legt
und erdhaft wahr und doch ganz frei zum Himmel hin
die Kraft der Ewigkeit fest in dein Herz verankert.

Die Kathedrale von Santiago

Von Winkeln, Häusern, Gassen, Plätzen
ist sie ringsum bunt eingehüllt,
gefügt, gebaut nach heiligen Gesetzen,
und unter ihren Dächern ruhet mild
des heiligen Apostels Bild.
Wer hier wohnt, darf sich glücklich schätzen.

Die hehre Mitte schützt der Türme Wald,
und Tore lassen ein, wer Zuflucht sucht,
wer sich versenkt in frommen Aufenthalt,
wer dankt für aller Mühe Frucht
und für das Ende langer Flucht.
Hier finden alle Frieden bald.

Und wenn die Plätze sich mit Leben füllen,
wenn aus der Kathedrale heil'gem Saal
die frohen Menschenmassen quillen,
allsamt erlöst von alter Ängste Qual,
berührt die Erde Himmels Strahl,
und es erfüllt sich Gottes Willen.

Botafumeiro*

Mächtger Hymnus, Orgelklang,
neugierig raunendes Gedränge.
Voll Erwartung harrt die Menge
der feierlichen Ordnung Gang.

Weihrauch vermählt sich roter Glut,
und schon beginnt der Silberkessel
kraftvoll geführt an starker Fessel
zu fliegen: heil'ger Übermut!

Immer höher, in die Weite,
hinauf bis in Gewölbelüfte,
und in Schwaden schweben Düfte
nieder auf die Pilgersleute.

Gebannte Blicke staunend schwingen
mit dem Rauchfass hin und her:
der Menschen Freude, Gott zur Ehr,
heiteres Zusammenklingen!

Der Hymne brausendes Finale
vereint, die auf der Sehnsucht Weg
genießend sel'ges Privileg:
am Ziel – in Jakobs Kathedrale!

* *„Botafumeiro"* (galicisch) heißt Rauchfass. In Santiago de Compostela wird es bei festlichen Gottesdiensten durch das Querschiff der Kathedrale geschwungen. Es ist ca. 1,60 m hoch und wiegt 54 kg. Acht Männer *(tirabuleiros)* setzen es in Bewegung.

An der Puerta Santa*

Suchst du Gott hinter Türen,
die einmal offen, einmal zu?
Du wirst ihn nicht erspüren,
schenk deinem Sehnen Ruh!

Werd still und lerne hören,
bereite dir nicht Schmerzen,
Gott will dich nicht betören:
Er steht vor deinem Herzen.

Er wartet ohne Drängen,
oh Mensch, zu ihm hin schreite
heraus aus deinen Engen,
hinaus in Gottes Weite!

Du brauchst dich nicht verstecken,
er sehnt sich längst nach dir,
holt dich aus Dornenhecken,
dass er dich nicht verlier.

Jetzt ist es Zeit – ja, heute!
Schon ist erfüllt dein Hoffen:
Du lebst aus Gottes Freude,
sein Tor zu dir bleibt offen!

---

* Die „Puerta Santa" (Heilige Pforte) wird in Santiago in „Heiligen Jahren" –
wenn der Jakobustag, 25. Juli, auf einen Sonntag fällt – geöffnet. Dies geschieht – bedingt durch die Schaltjahre – im Rhythmus von 6, 5, 6 und 11 Jahren. Das nächste Heilige Jakobusjahr wird 2021 gefeiert.

Offene Tür

Oft bin ich in meinen Tagen
durch Türen aller Art gegangen.
Die einen wurden zugeschlagen,
andre haben mich empfangen.

Manches Tor fiel Jahr für Jahr
hinter mir ins Schloss,
doch nie blieb ich – wie wunderbar –
allein und heimatlos.

So kann ich leicht verzichten,
was hinter fremden Türen,
mit eig'nem Blick zu sichten.
Was sollte mich verführen?

Heut gilt es, dies Portal
zum Neuen aufzustoßen.
Ein Wagnis jedes Mal,
doch will ich es liebkosen.

Denn heut ist alles neu,
mein Herz, was soll dein Beben?
Wach auf, denn du bist frei:
Hier ist die Tür zum Leben!

Auf dem Sternenweg*

Sterne zu deuten pilgern viele,
den Weg vom Dunkel in das Licht.
Ein jeder Schritt hat sein Gewicht
und leitet sie zum heil'gen Ziele.

Sie bringen ihre Gaben dar
und lächelnd nimmt das Kind sie an,
doch weil ins Herz es sehen kann,
macht es den Pilgern offenbar:

Was euer Schenken kostbar macht,
ist mehr als Weihrauch, Myrrhe, Gold,
es ist der Weg, den ihr gewollt
und der euch führt durch Tag und Nacht.

Eure Geschenke sind nur Steg,
die Pilgerschaft – mir zugekehrt,
sie ist's, die eure Gaben ehrt.
Geht weiter auf dem Sternenweg!

---

* Das Gedicht nimmt das Bild der „Heiligen Drei Könige" auf, die als Pilger und Suchende dem „neugeborenen König" auf einem „Sternenweg" folgten. Auch der Jakobsweg wird oft „Sternenweg" genannt.

Regen in Santiago

Galicien, du grüne Wüste,
so melancholisch, rätselhaft,
von Eukalyptusduft versüßte
regengetränkte Leidenschaft.

Aus dir erstand der heil'ge Ort
als Arche über Wassers Wucht,
zu bergen alle immerfort,
wer Rettung hier und Heimat sucht.

Das Fleisch des Landes ist Granit,
daraus die Stadt sich wie beschwingt
erhebt als lebensvolles Lied,
das aller Welt Willkommen singt.

Es schenkt ein jeder Regenguss
auf ihre Haut ein Lächeln zart;
des Meeres so vertrauter Kuss
verzaubert graue Gegenwart.

Der Regen will Santiago, dir
verströmend seine Liebe zeigen
und bildend deiner Seele Zier
bleibt er auf ewig ganz dein Eigen.

Der Weg hat mich gelehrt …

Der Weg hat mich gelehrt,
die Dinge zu durchschauen.
Ich bleib nicht unversehrt
und kann dem Weg doch trauen.

Er tötet viel in mir
und weckt doch neues Leben,
er heilt – ist Elixier,
will mich zu Höherem heben.

Der Weg verwandelt ganz,
geheimnisvoll und weise,
klärt meiner Augen Glanz
am Ziel der Pilgerreise.

Nichts mehr für sich behalten,
nur noch im Lassen sein,
das soll sich nun entfalten
und neu mein Herzschlag sein.

Wie mich der Weg umfängt,
mich birgt und führt und trägt,
ist täglich neu geschenkt,
mein Aufbruch unentwegt!

Ginster am Weg

Auf staubbelad'nen Wegen gingen
wir frei und fremd im Pilgerkleid,
und wie verlorene Blätter hingen
unsre Seelen in der Zeit.

Und doch ging heiteres Leuchten mit;
bei Sonnenschein und Regenguss
umspült die Wege Schritt für Schritt
des Ginsters gelber Blütenfluss.

Es ist, als hätt' die Sonne sich
in weitem Wurf verloren
und über Fluren meisterlich
sich erdhaft eingeboren.

Ein güldner Reichtum sich ergießt
ins Tal, auf weite Hänge
und nicht einmal der Sturm verdrießt
des Ginsters Leuchtgesänge.

Selbst über Felsen steil und schroff
fällt wie Rapunzels Märchenhaar
Ginstergelb als Sonnenstoff,
verzaubert Weite wunderbar.

Lasst uns vom Ginsterblühen kosten,
solange unser Weg noch währt,
bis wir uns wenden neu nach Osten
und alles sich zur Heimat kehrt.

Finis terrae*

Wir zogen lang durch fremdes Land
zum heil'gen Schreine der Legenden,
zu spüren ganz mit Geist und Händen
der Gottheit Glanz uns zugewandt.

Dann blickten wir von hoher Zinne
am Felsenende alter Welt
hinaus, wo nichts das Auge hält,
von einzigartiger Tribüne.

Der Wasser Weite ew'ges Sein
weist uns, die Sinne auszuleeren,
doch Ufers Grund will uns belehren,
dem Dasein unser Herz zu weih'n.

Du Sehnsuchtsort, Refugium,
du birgst, was ewig uns zu eigen.
Entlass uns neu, der Welt zu zeigen:
Im Aufbruch wird uns Heiligtum.

---

* Das „Kap Finisterre" – bis zur Entdeckung Amerikas (1492) das „Ende der westlichen Welt" – liegt 120 km westlich von Santiago de Compostela am Atlantik.

Jakobsmuschel-Meditation

Muschel in meiner Hand –
die Finger fühlen die Schale,
ertasten zartes Innen,
raues Außen
mit Linie und Kontur,
Wölbung und Kerbe,
geprägt von den Gezeiten der See.
Von scharfen, welligen Kanten
streben Falten Seite an Seite
von außen zur gemeinsamen Mitte.
Alle Runen rinnen nach innen,
ohne sich zu vermischen,
jede Linie folgt ganz
dem eigenen Strom,
und doch wie gezogen
vom einzigen Ziel …
Ein gleiches Gesetz
formt alles zum Ursprung
der Bewegung von innen
nach außen zur Welt.
Alles gesammelt
im Herzen der Muschel,
verschenkt sie es ganz
hinaus bis zum Rand.
Schau tiefer:
Im Spiel der Bewegung
wächst aus der Muschel Zeit
die Perle der Liebe –
Ewigkeit.

Jakobuslied*

Heil'ger Jakobus, wir rufen heut an deinen Namen:
Sieh her auf alle, die zu deinem Heiligtum kamen.
Tritt für uns ein, / Gott möge gnädig uns sein,
Führ uns den guten Weg! Amen.

Heil'ger Jakobus, als Erster zum Zeugen berufen,
führe auch uns zu der Jüngerschaft heiligen Stufen.
Sei du uns Licht, / lass uns im Dunkeln doch nicht,
wenn wir vertrauend dich rufen.

Heil'ger Jakobus, als Erster gabst du einst dein Leben,
nahmst an den Kelch, der gefüllt mit den bitteren Reben.
Lass deinen Tod / Zeugnis für uns sein in Not,
dass auch wir Gott alles geben.

Heil'ger Jakobus, auf Tabor vom Lichte ergriffen –
ratlos am Ölberg bei denen, die flohen und schliefen.
Sende uns Kraft, / wenn wir in Zweifeln erschlafft,
führ uns hin zu Glaubenstiefen.

Heil'ger Jakobus, vom Herren berufen zu heilen,
der Menschen Wege zu gehen auf viel tausend Meilen,
Krankheit und Tod / mächtig zu wenden in Gott,
Herzen bewegen zum Teilen.

Heil'ger Jakobus, Begleiter der Pilger auf Erden!
Lehr unterscheiden uns, folgen den göttlichen Werten.
Führ uns zur Quell, / dass wir gereinigt und hell
Brunnen für andere werden.

---

* Melodie „Lobe den Herren, den mächtigen König der Ehren" –
  GL 392 / EGB 317 M: Halle 1741 nach Stralsund 1665

Jetzt

Ich muss nichts tun – nichts lassen,
nur bleiben hier und jetzt,
wo ich den Fuß gesetzt,
mein Schweiß die Erde netzt,
da will mich Neues fassen.

Den neuen Raum durchmessen,
das will ich – suchen, wagen,
mich keiner Müh' versagen,
nicht scheuen Weh und Klagen,
in neuem Sein genesen.

Jetzt ist es Zeit, zu hören,
was gilt und führt und trägt,
was Herz und Sinn bewegt,
was neue Fährten legt,
was hilft, sich zu bekehren.

Pilgerlied (Emmaus)*

Wer wird den neuen Weg uns künden?
Wir wandern trostlos durch die Nacht.
Wie sollen wir Erlösung finden,
da wir uns selbst den Tod gebracht?
Noch denken wir vergang'ner Zeiten,
und unsre Augen sind noch blind,
doch einer wird den Sinn uns weiten,
    – weil wir im Herzen Pilger sind.

Herr, du gehst mit uns alle Wege,
selbst wenn wir in die Irre geh'n;
ist unser Geist auch noch so träge,
du lehrst uns doch ein neues Seh'n.
Komm, mache uns're Herzen brennen,
brich auf des Todes Labyrinth,
schenk uns das Licht, das wir ersehnen,
    – weil wir im Herzen Pilger sind.

Du öffnest uns'rer Herzen Augen
für deine Macht und Herrlichkeit,
dass wir als deine Jünger taugen,
zu tragen deine Botschaft weit.
Kommt, lasst den neuen Weg uns gehen,
da alle Furcht nun von uns schwindt',
denn Christi Geist wird uns durchwehen,
    – weil wir im Herzen Pilger sind.

---

* Melodie: GL 551 / EGB 294 M: Guillaume Franc 1543 / Loys Bougeois 1551

Zuhause sein

Zuhause sein
im Abschiednehmen,
vergessen,
ob ich arm, ob reich,
erzählen Schweres,
Leichtes
und Spuren
ungelebter Tage
der Zeitenwaage
anvertrau'n.
Den Durst,
den ungestillten,
zum Lebenswasser
tragen,
was kommt,
was bleibt,
was schwindet,
ein Lied des Friedens singen.

Zurück in den Alltag

Und wieder ist ein Ziel erreicht
und alte Wege geh'n zu Ende.
Das Neue scheint so nah und leicht,
doch will es eines Lebens Wende.

Es sind nicht weite Horizonte,
die jetzt verlangen mutig' Wagen.
Es ist das neue, unverschonte
Sichwenden zu des Alltags Tagen.

Ich wünsch dir darum Kraft für jetzt,
und morgen wird dir neue Kraft
geschenkt, die alles hilft und schafft;
bleib ganz gelassen bis zuletzt.

Was kommt, das sei dir wohl gelegen,
ist's krumm, ist's grad, so wie es ist.
Keine Frucht wächst ohne Mist –
so sei in allem: Gottes Segen!

*Gib den Lehrer auf
aber niemals die Suche
bleibe ein Pilger*

II WEGE IN DIE STILLE

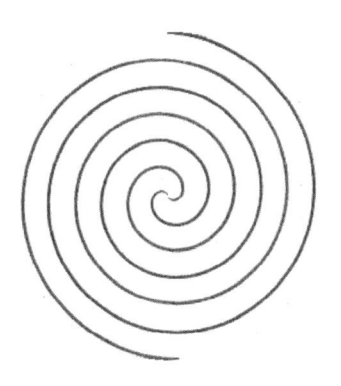

– WEGE AUS DER STILLE

Absichtslos

Im Warten und im Schweigen
nehm ich mein Eigenes wahr,
entlass der Worte Schar
in wache Ewigkeiten.

Umfangen ganz von Stille,
in allem aufgehoben
und wie in Nichts verwoben,
ein absichtsloser Wille.

Nur noch die Weite schauen,
in Himmels Melodie,
nicht wissend Wann und Wie,
und neuer Hoffnung trauen.

Der Alltag ist die Übung

Gedankenleer sitz ich im Schweigen,
lass los die Bilder und Geräusche,
dass keine Welt mich täusche
und ruhe jeder Reigen.

. ⁻ . ⁻ . ⁻ . ⁻ .
. ⁻ . ⁻ . . . ⁻ .
. ⁻ . ⁻ . ⁻ .
. ⁻ . ⁻ . ⁻ .

Entlässt mich dann das Meer der Stille,
erwacht, den Alltag neu zu üben
im Schaffen und im Lieben,
dann ist ein großer Wille.

Der inneren Kraft vertrauen

Auf dem Wege lernen wir
zwei Kräfte in uns kennen:
Grenzen und unendlich Sehnen,
das uns grenzenlos entführ'!

Es drängt voll Leidenschaft zum „Werde!" –
nicht Niedergangs Gesetz,
ein Innerstes webt an dem Netz,
dass in uns zeig' sich neue Erde.

Ein neuer Aufbruch jeden Tag,
ein Ungeahntes wirkt,
darin ein Schatz sich wartend birgt,
was Kommendes uns weisen mag.

Entwachsend meiner alten Hülle
trau ich in Dankbarkeit
der Kraft, die endlich mich befreit
und die mich führt zur Fülle.

Erleuchtung

Der Zweifel ist es nicht,
der mich so zittern macht,
es ist, o Herr, dein Licht,
das du in mir entfacht.

Wer bin ich, dass du mich
berufst, in dir zu sein,
und weckst mich, österlich
mein Leben dir zu weih'n?

Wie sollte ich nicht zittern,
wenn meine Lebensengen
sich lassen ganz erschüttern,
in neue Freiheit sprengen!

Nun, ganz dir zugewandt,
mein Herz dem deinen nah,
halt ich den Stürmen stand,
bleib bebend, glaubend, da.

Gebärend unter Tränen,
dringt neues Sein hervor,
lebendig junges Sehnen
durchstößt des Todes Tor.

Da! Aus der Stille spricht's
durch aller Wirrsal Nacht.
Dein Wort bricht aus dem Nichts
und hat mich neu gemacht.

In der Stille

Immer ist es in der Stille,
dass mich ein Neues zieht,
ein Unverhofftes, Ganzes.
Aus Schweigen keimt ein fester Wille,
um den sich keine Mühe müht:
Kraft eines sanften Tanzes.

Wer immer oder was sich regt,
das in mir sprungbereit
sich führend führen lässt:
Ein Meister hat den Grund gelegt,
der meinen Tag befreit,
der ihn erhebt zum Fest.

Durch alle meine Stunden rinnt
so wonniges Vergehen
als ewiges Ferment.
In allem bleib ich wie ein Kind
und lass die Zeit verwehen,
setz Anfang noch am End'.

Lassen und Tun

Lass einfach los, lass los und lass,
ES ist's, was hilft, zu leben,
und auch zum Sterben ist *ES* das,
was hilft, sich hinzugeben.

Lass auch den schönsten Frühling los –
es grünt ganz ohne Tun.
Inmitten ewigem Zeitenschoß
lass selbst dein Lassen ruh'n.

Und kannst du's lassen, lasse nicht
dem Tun ganz zu entsagen,
denn beidem leuchtet gleiches Licht:
im Tun das Lassen wagen.

Meditation

Flammen, Wolken, Wogen
umkreisen eine Mitte,
wohin – woher gezogen? –
des Unbekannten Schritte.

Sie tanzen leicht, beschwingt
in absichtslosem Nichts.
Aus ihrer Seele singt
die Botschaft inneren Lichts.

Ihr Sein liebt Tag und Schatten
und auch des Dunklen Kraft,
daraus die reinen Taten
sich heben tugendhaft.

Mach dir dies Sein zu eigen
und geh den rechten Pfad.
Der Seligkeiten Reigen
krönen dein Lebensrad.

In allem Lassen, Tun
trag' dich des Einen Wille,
dann kann dein Schaffen ruh'n
in einer Großen Stille.

Neuer Tag

Es war wie stilles Warten,
ein Blick auf off'nes Meer,
ein Harren ohne Hoffen,
und doch zum Himmel offen,
im Herzen voll Begehr –
eines Geheimnis' Garten.

Ich halte still voll Ahnen,
ganz Aug' in Auge wach.
Nichtdenken füllt mich mild,
wird in mir bildlos Bild,
ein schweigenvoller Bach
in wellenlosen Bahnen.

Wie sanfter Flügelschlag
berührt mich Himmels Licht,
lässt mich in Staunen singen,
in höchste Höhen schwingen,
will's beinah glauben nicht:
Dies ist mein neuer Tag.

Noch Fragen?

Du bist nicht fern,
wenn du noch Fragen stellst.
Lass ruhig Zweifel zu
und bleib gelassen.
Solange noch lebendig
dein Herz nach Liebe fragt,
ist dir zum Greifen nah
die Mitte allen Seins.
Trau dich
ins Dunkel einzutauchen,
das wartend dir enthüllt,
den großen Schritt
zu wagen.
Versöhnt im Glauben
öffnen sich neue Wege
ins Geheimnis.
Schon immer
warst du
Nachbar von Wundern.
Noch Fragen?

Raum der Stille

Ein Lichthauch weht und füllt
das „Zwischen" aller Mauern.
Ein Nichts verklingt so mild
und lässt mich doch erschauern.

Ein Schweigen leichter Flügel
wie nach durchwachter Nacht
verbindet Tal und Hügel
und hat den Traum vollbracht.

Ein Bildnis tritt von innen
in neuen Horizont,
es will sich wahr erkühnen
zu sein, wo Gott nur wohnt.

Da ist ein Aufersteh'n,
und alles in mir bebt,
da ist ein neues Sehen,
das bleibend wandelnd lebt.

Schweigen

Schweigen heißt
nicht nur still sein,
nicht nur entspannen.
Bloße Ruhe täuscht.
Schweigen ist loslassen,
entlassen,
verabschieden
aller Gedanken, Wünsche, Pläne,
aller Abneigungen
aller Sympathien,
aller Freuden und Leiden,
aller Wunden, aller Schuld,
aller Versäumnisse,
aller Bilder von sich selbst,
von den andern,
von der Welt,
sogar von Gott
loslassen – entlassen.
Ausatmen.
Neu einatmen – aufatmen.
Alles neu kommen lassen,
sich selbst
aus dem Schweigen
neu kommen lassen,
weil das Schweigen in Gott
und mit Gott
die lauten Stunden in mir
erlöst.

Schweigen, hören, gehen

Jetzt ist die rechte Zeit,
im Schweigen und im Hören
die Herzen auszuleeren
und spüren Endlichkeit.

Erschaffe mir, o Gott,
ein reines Herz zu dir
und öffne mir die Tür
zu deinem Lebensbrot!

Du in mir – so sei's! –
Wie ich in dir für immer
als deiner Liebe Schimmer
in meinem Lebenskreis.

Du machst mich frei und klar
im Spiegel deines Lichts,
bewahrst mich gar im Nichts,
und alles wird nun wahr!

Voll Staunen höre ich
den Ruf zur Jüngerschaft:
„Geh nun in deiner Kraft –
vertrau, ich sende dich!"

Stufen ins Licht

Wie lang hielt mich das Dunkel nieder
in hoffnungslosen Gründen,
verstummt in mir der Seele Lieder –
wie einen Ausgang finden?

Da war ein Rufen, flüsterzart
wie dünner Sonnenstrahl,
lichtaufwärts reine Gegenwart –
der Sehnsucht Widerhall?

Nun will ich wagen Schritt und Tritt
aus meiner Ängste Engen,
und siehe da – das Licht geht mit –
will meine Nächte sprengen.

So steige ich ins Licht empor
im Werden und Vergehen
durch off'ner Sinne waches Tor –
und da – ein neues Sehen!

Suchst du, mein Herz

Suchst du, mein Herz, so suche mehr!
Brennst du, mein Herz, so brenne!
Ahnst du des Göttlichen Begehr –
schenk alles, jede Träne!

Und fällst du gar in dunkle Nacht
und bricht vor Leid dein Herz,
so wisse dich geführet sacht
seit ewig himmelwärts.

Unkraut und Weizen

Geduld, mein Freund, Geduld!
Es ist nicht deine Pflicht,
das Unkraut auszureißen.
Dein Leid ist nicht allein,
dass dich das Unkraut ärgert,
weil es dem Wachsen guter Frucht
Licht, Luft und Gleichmaß raubt.
Das größ're Übel ist,
dass du noch nicht verstehst
zu unterscheiden heit'ren Sinn's!

Lass deinen Weizen wachsen
und freue dich gelassen,
dass er auf gutem Boden steht;
vertrau der Wurzel,
die gute Erde tief umarmt,
mach deinen Atem weit,
lass auch dem Unkraut Lebensraum.

Nicht jammern, sondern weise
die Kunst der Unterscheidung üben!
So wird in stillem Wachsen,
was treu zur Reife drängt,
die leeren Scheunen füllen.

Verwundeter Kirschbaum

Wer von dir weiß,
bedenkt verwundert,
was dir geschah vor Langem,
und zögernd nur zeigst du
dir eingeleibte Wunden,
verstummten Schreien gleich.
Der Jahre Schläge in Gewittern
sind alle längst vorüber,
doch sind sie eingebunden
in deinem Buch der Ringe.
Die Zeit rinnt durch die Spalten
deiner Seele Rindenhaut
und spendet Segen
ungebrochner Kraft
aus deinen Wurzeln.
Dein Leben haucht sich aus
noch jedes Jahr in Blüten
und deine Früchte locken
noch immer
fröhliches Kinderlachen.
Und alle hoffen,
dass deine Träume dauern.

Was ist's?

Was ist's, dass mir so leicht ums Herz,
ein Lächeln aller Sinne,
mich hebt es hoch fast himmelwärts,
was will mir werden inne?

Heut Nacht war's wohl in einem Traum:
Ich sah mich frei bewegen
von Tür zu Tür, von Raum zu Raum
nicht wissend, wie – weswegen?

Dort nahm ich Bilder von der Wand –
sie lösten sich ins Leere.
Als auch das letzte noch entschwand,
entwich die Erdenschwere.

So leicht war mein Erwachen nie,
so heiter, frei und gut,
ein Leib-und-Seele-Lachen wie
ein Geist mit großem Mut.

So geh ich ohne Bilder fort
auf neue Pilgerschaft,
mein Schritt wird fest von Ort zu Ort
voll neuer, großer Kraft.

Was mir im Traum zu eigen ward,
ist wach ins Sein gekehrt,
was wie vom Himmel offenbart,
mich leer sein leben lehrt!

Weg-Meditation

Andere Wege gibt es viele
mit Sonnen- und mit Regentagen,
mit Hitze und mit Schattenkühle –
woher kommt dir ein Unbehagen?

Schau, dieser Weg, er ist der deine,
er fordert dich ins harte Jetzt,
er will von dir das letzte Eine,
er will dich ganz – nicht unverletzt.

Versag dich nicht – trau deinem Sehnen,
folg deines Herzens Zeichen.
Und wird es auch ein Weg der Tränen,
du wirst dein Ziel erreichen.

Es ist der Weg, der dich erwählt,
er trägt auch noch dein Wanken.
Er ist's, der dich mit Kraft beseelt,
du sollst nur geh'n – und danken!

Wie soll ich meinen Weg denn finden?

Wie soll ich meinen Weg denn finden,
wie das Gestrüpp der Tage fliehen,
wie Antwort finden heute – morgen?
Und soll ich denn entlassen
die unerreichten Ziele?
Wie find ich Klarheit,
dass mein Weg sich klärt?
Jetzt will mich Tag und Stunde
nicht als Gefangenen sehen,
doch als befreiten Schläfer
und ruft mich ins Erwachen.
Es gibt nur diesen Weg,
das Heute zu bestehen
in Würde – hoffnungsvoll.
Erhobenen Hauptes und mit Dank
öffne ich Sinne, Hände, Mut,
empfange, greife, forme Stunden
und pflanze diesen Tag wie einen Baum
ein in den Garten meiner Zeit,
begieße mit Vertrauen,
lass Unkrautangst verwelken
und schöpfe neues Ahnen,
dass dieses Tages Wurzel tiefer reicht,
als ich es wissen muss.
Und kein Gedanke an Erfolg,
denn nur das Herz weiß um die Frucht,
es weiß um Zeit und Ziel und Wesen.
So will ich diesem Tag und Weg
ins Ungeahnte trauen.
Denn so wie diesen
gibt es nun keinen mehr.

Worte bewahren

Worte bewahren
wie Nägel und Schrauben.
Vielleicht
irgendwann
werde ich sie brauchen,
Neues zu sagen,
etwas,
das hält,
verbindet
und trägt
und vielleicht
einen Weg weist
für einen, der sucht.

Fülle und Nichts

Wird einst in meine Tage Leere sich ergießen,
will ich sie überschau'n wie reife Felder,
ich will das Nichts mit seiner Fülle grüßen,
einlassen alles in des Lebens Kelter.

Kein Tun, kein Atemzug wird je verloren sein,
kein Lachen, keine Träne und kein Schweigen.
Es geht nur in die Große Stille ein,
lebt, atmet weiter in des Universums Reigen.

Es ist, als heben sich nur graue Schleier
und freies, weites Land empfängt mich neu,
will tragen mich zur ewig großen Feier,
zu meinem letzten ganzen „Ja, es sei!".

Staunend am Dornbusch:
Lerne den Ort, wo du stehst.
Bleibe nicht, weiter!

III GLAUBENSWEGE

Abwesend nah

Wer jemals Gottes Nähe
verkostet hat im Licht,
scheut seine Ferne nicht,
ein Inneres sagt: Ich sehe.

Wie Sonne fern der Nacht,
doch stets einander nah,
ist er abwesend da,
Geheimnis voller Macht.

Ich glaube nicht ins Leere,
in meiner Schwachheit Kraft
bin ich auf Pilgerschaft
mit euch und Gott zur Ehre.

Ahnung

Du Gott in meinem ersten Keime,
erfahr'nes Sein, v o r allem da.
Du Atem unbewusster Träume,
im Anfang und im Ende nah.

Du selbst bist da in Wirklichkeit,
nicht Name, nicht Begriff.
Du machtest längst mein Leben weit,
als noch mein Wesen schlief.

Hast mich seit Ewigkeit ergriffen,
als noch mein Herz verblendet,
enthüllst mir deiner Nähe Tiefen,
weißt alles schon vollendet.

Du schüttest dich in zarter Liebe
wie Licht auf meinen Pfad,
dass stets dein Wunder in mir bliebe:
mein Leben – deine Tat.

So löst nach langer Fragen Nacht
sich bitt'res Suchen auf.
Du willst in deines Geistes Macht
beglücken meinen Lauf.

Du willst ins Eigene mich rufen
als Ich und Du zugleich;
erschaffst mir täglich neue Stufen,
schenkst Lebensfülle reich.

So wie ich kam, so geh ich – nackt,
mit leeren Händen – gut.
Du hast dich ganz in mir gewagt,
nun hab ich ewig Mut.

Taufpsalm

Du bist geboren – bist ein Gegenüber,
du hast ein Nest und bist umsorgt, geliebt.
Doch mehr als alle hat ein Großer Lieber
dir schon gesagt, dass es ihn gibt.

Denn so wie dich gibt's keinen Menschen mehr:
die Stirn, den Mund, und wie du lachen kannst!
Bald fragst du schon: wohin, woher?
Es kommt die Zeit, wo du's erahnst!

Er, der dich rief – er wird dich rufen hören,
denn er ist gut – dein Herz kann stille sein.
Und bist du stumm, wird er dich schreien lehren,
denn sein Schrei schloss den deinen ein.

Auf deinem Weg geht Gott mit dir – ein Hüter.
Er hält dich fest und lässt dich los und frei.
Er ist die Melodie all deiner Lieder,
all deine Tage ist er treu.

Sein Licht legt er in deine Augen;
in Geist und Wasser schenkt er dir Neugestalt:
Für seinen Bund sollst du nun taugen,
sein Antlitz spiegeln jung und alt.

Vertrauen

Was auch geschieht, was immer kommen mag,
der Zeiten Lauf kann ich nicht ändern,
kann nur der eignen Seele Zittern mindern
durch mein Vertrauen in den heut'gen Tag.

Niemals will ich der Angst die Führung überlassen –
sie weist das keimend Kommende zurück,
vielleicht darin verborgen reines Glück,
das nur das arme, reine Herz mag zu erfassen.

Ich wage neu die Fahrt ins off'ne Meer,
denn Wind und Wellen sind mir wohlbekannt,
und Himmels Weite ist mir zugewandt,
sie trägt mich weiter, immer mehr!

Ruf auf in dir die Wachheit und den Mut,
mit hellem Herzen zu vertrauen,
dann wird aus Glauben endlich Schauen –
dann füllt ein Friede dich, und alles ruht.

Wer Wunder sucht

Wer Wunder sucht,
wird keines je erfahren,
will naschen nur am Schein.

Denn unsichtbar
bleibt alle Kraft,
die Herzen heilt
und neue Schöpfung treibt.

Doch springt der Lahme
und der Stumme spricht,
kehrt um
am leeren Grab
mit Staunen und Entsetzen,
kehrt heim,
das Wunder zu bezeugen.

Leben aus Gottes Kraft

Mein Leben soll sein wie ein Baum,
mehr als nur irgendein Strauch,
mehr noch als dies und das auch –
es sei ein Wachsen und Streben,
ein Erfülltsein vom anderen Leben,
ja, es soll sein: Gottes Raum.

Mein Leben wird sein wie ein Hauch,
geatmet, durchweht und ganz da,
geboren aus göttlichem JA,
entlassen, gesendet, verschenkt
und ganz mit der Erde vermengt –
wie Gott, so ich auch.

Mein Leben darf sein voller Stufen.
Ich schreite gelassen voran
und lasse zurück, was ich kann.
Was welkt, soll verwelken – dahin,
denn sterben wird sein mein Gewinn!
So folg ich dem göttlichen Rufen.

Mein Leben muss sein jetzt und hier
ein Aufbruch zu neuem Beginnen,
ein Wagnis der Tiefe nach innen,
hindurch zu ew'gem Erwachen,
zu österlich heiterem Lachen –
ein Leben, o Gott, ganz in dir!

Am Brunnen*

Auf einmal sitzt die Angst
dir im Genick,
dein Atem stockt,
du ziehst erschrocken dich zurück,
die Welt ist aus den Fugen,
denn du erkennst
auf einmal dein Gesicht.

Doch weil da einer sitzt
am Brunnen, durstig,
wartend auf ein Schöpfgefäß,
gehst du von Neuem hin
und beugst dich deiner Mühe,
aus tiefem Grund
das Lebenswasser hochzuholen
und dem zu geben, der da sagt:
Gib mir zu trinken!

Du kennst ihn nicht
und weißt dich ganz erkannt.
Wie nichts ist alles, was du gibst.
Und alles, was er gibt,
gibt er für nichts.
Er will dich leer,
um dich zu füllen bis zum Rand.

Nur weil du leer warst, Schöpfgefäß,
warst du noch zu gebrauchen.

* vgl. Joh 4,7-30, Gespräch am Jakobsbrunnen

Baumgebet

Dort wachsen wollen,
wo Gott mich hingedacht,
dort reifen, streben
und in der Kraft des vollen
reinen Grundes sacht
und ganz zu leben.

Je tiefer Wurzeln drängen
zur ird'nen Heimat-Ruh',
die Quelle aufzuspüren –
so reck ich mich den Klängen
aus höchster Höhe zu
und will sie nicht verlieren.

In bester Jahre Pracht
aufblühen schattenfremd,
berühren Himmels Blau,
erleiden Glut und Nacht,
von Stürmen wild durchkämmt,
geküsst von Tränen-Tau.

Frag mich, woher, wohin,
ich sag es dir im Stillen:
Ich leb aus seinem Samen.
Ich bin, so wie ich bin,
ein Du aus seinem Willen,
und Er ruft mich beim Namen!

Maria Magdalena*

Festhalten will ich mich an dir,
was immer war, was noch geschieht,
nicht lass ich deine Nähe.
Dein Kreuz sei meiner Freiheit Tür,
dass aller Tod aus mir entflieht
und Sündenschuld vergehe.

Ich halt dich fest und werde frei,
und Leben spür ich fließen,
dass ich wie eine Rose weit
in meiner Liebe blühe neu,
und ganz im Ungewissen
werd mich zu schenken ich bereit.

Selige Kräfte, die da kreisen:
In deinem Kreuz ist Halt und Heil,
und altes Leben ist dahin.
Das neue aber will dich preisen,
es hat an deinem Leben teil,
für Ewigkeiten mein Gewinn!

* zu einer spätgotischen Magdalenen-Darstellung im Altar-Relief der
 Namen-Jesu-Kirche in Oberdischingen (1501/Syrlinschule Ulm)

Anders wirklich

Was ist das,
was mich heilt –
doch etwa nicht
ein Wunder?
Was scheinbar wirkt,
ist fremd
und nicht die Wirklichkeit.
Glaube,
der sich auf Wunder stützt,
lebt in Gefangenschaft.
Doch stützt
ein Wunderbares
meinen Glauben.
So seltsam leeres Sein
füllt all mein Suchen,
spannt ein Geheimnis aus,
legt einen Garten an,
darin der Glaube wächst,
benetzt
von Wundern.

Gespräch mit meinem Engel

Entbinde mir die Flügel, du,
den Riegel öffne meiner Seele,
damit nicht Hier und Heut' ich zähle
und nicht vertraue falscher Ruh'.

Schließ auf der Schlösser festen Schluss,
zerspreng in mir, was trauert,
damit nicht länger dauert
das Warten, das zum Aufbruch muss.

Jetzt ist es Zeit, sich zu erheben,
gehorchend flügelleichtem Klang
und viele Jahreszeiten lang
zu trauen meines Herzens Beben.

Es ist uns allen ewig eigen,
das Lied, das über allen Worten
zu spielen Ihm an allen Orten,
in allem Auf- und Niedersteigen.

Und fürchte nichts, schau nicht zurück,
heb deine Stirn zur Sendung
und freu dich der Vollendung –
nimm in Besitz das ganze Glück.

Das Erinnern

Es ist in allem Kreisen,
von außen nicht zu sehn,
Erinnern sel'ger Weisen
von Tod und Auferstehn.

Wie zart verschenkte Lettern
ziert ird'ne Lebensflächen
gleich leuchtend bunten Blättern
ein güldenes Versprechen:

In allem, was geworden,
was immer auch geschieht,
fügt sich's doch zu Akkorden
und singt ein großes Lied.

In allem west ein Wille,
im Herzen schon erschaut
des ewigen Lebens Fülle –
sie ist mir zugetraut.

So will ich, was mein Blick,
in Kreuz und Quer vermisst,
doch ahnend als mein Glück
begreifen, das mich grüßt.

Mein Ganzes will ja streben
zum Auferstehn vom Tod,
will wachen Auges leben
des Ewigen Angebot.

Das Glück in dir

Immer sage dir – Du in mir!
Sag es in ständigem Sinnen,
sag es mit heißer Begier,
so wird eine Kraft dir von innen.

Sie ist dir seit ewig zu eigen,
unendlich als Erbe zuteil.
Dein Auftrag nun, es zu zeigen:
Aus meinem Herzen fließt Heil.

Entberge die göttliche Quelle
als Brunnen lustvoller Kraft,
den Dürstenden tränkende Welle,
den Wissenden Jüngerschaft –

bis endlich in wachsenden Kreisen
dein Glück sich in Fülle verliert
und Jubel in tonlosen Weisen
dich in den Himmel entführt.

Das Heilende

Das Heilende ist das Heilige,
das, was uns über uns selbst hinausträgt,
das uns mit dem Göttlichen verbindet.
Es macht uns fähig zum Glück,
zum Frieden, zur Barmherzigkeit.
Es ist die Kraft,
die uns sinnvoll
Mensch sein lässt.

Der barmherzige Vater*

O freiheitsschwang'rer Damm der Liebe,
gebrochen von der Freiheit Drang –
verloren haltend ohne Fang,
gewährend ungestüme Triebe.

Du Deich, der alle Flut entlässt
und ihre Rückkehr doch ersehnt,
der im Entlassen schon versöhnt,
schon weiß um Reue, Ring und Fest.

Wer suchte nie das Uferlose,
das ganze, unbegrenzte Glück,
kam schuldbeladen dann zurück,
zu bergen sich im Vaterschoße?

Wer selbst der Wurzel sich beraubt,
fühlt bald die Todesschatten nah'n;
nur wer noch einmal fliehen kann,
begegnet dem, der an ihn glaubt.

Geliebt, gehalten und geführt,
aller Gezeiten sich'rer Grund!
Du meiner Freiheit ew'ger Bund!
Weh dem, der immer dich verliert.

* zur Erzählung vom „Verlorenen Sohn" (vgl. Lk 15,11-24)

Der Glaube*

Ich sehe nicht – weiß nicht, wie mir geschah,
doch schaue ich ein Licht in meiner Seele,
das Trennung schafft in meiner Schattenwelt,
mir einen Weg erschließt so weit, so nah,
mich immer weiter führt in neue Helle
und mich auf felsenfesten Boden stellt.

Was meinen Leibesaugen ganz verborgen,
– woher? wohin? wer ist es, der mich führt?
von welcher Wahrheit werde ich getragen? –
das soll nicht einen Tag mich sorgen?
Wenn doch mein Schritt den sich'ren Grund verliert,
soll ich im Fallen noch Vertrauen wagen?

Halt ich das Kreuz – am Ende hält es mich.
Ich trink den Kelch und lass nicht mit mir handeln:
Mit Leib und Blut gewinne ich das Leben,
das mir die Augen öffnet österlich
und nur das Eine will: mich zu verwandeln,
vom Glauben ganz zum Schauen zu erheben.

---

* Die Inspiration zu diesem Gedicht ging von der Figur „Der Glaube" am Nordportal der Kathedrale von Santiago de Compostela sus. Die allegorische Frauengestalt hält mit verbundenen Augen Kreuz und Kelch in den Händen.

Der Tod gehört zu mir

Der Tod gehört zu mir
so eigen wie das Leben.
Mein Ja zum Tod ist ganz
und frei umschlossenes Sein.
In Freiheit wächst mein Ja
zu Anfang, Weg und Ende,
draus mutig, frisch, gerade
bewusstes Leben sprießt.
So flieht die Todesangst,
und neuer Lebensraum
in wahrheitsvoller Ordnung
öffnet sich liebevoll
dem Kranken und Gesunden
und drohendem Verlöschen.
Wenn einst mein Abschied naht,
wird mir ein Tor ins Leben,
Durchgang zum Heil in Fülle,
Eintauchen in Erlösung –
endgültig eins mit Gott.

Du legst dein Licht

Du legst dein Licht auf meine Stufen,
bei Tag und Nacht bist du mir nah.
Nicht ungehört verhallt mein Rufen,
auf Schritt und Tritt bist du schon da.

Ist taub mein Ohr, mein Auge blind
und ziellos, weglos all mein Fragen,
so führt mich deine Hand gelind,
und noch im Sturz bin ich getragen.

Ich zweifle oft und spüre doch
nach deinem Wort voll Sehnen.
Herr, wird dein Blick mich treffen noch?
Dann wasche mich in Tränen!

In deiner Liebe weitem Meer
fängt mich das Netz der großen Ruh,
dass ich mich nun nicht länger wehr,
nur staunend schaue dich, mein Du!

Effata-Gebet*

Herr, sprich zu mir dein „Effata!".
Lös in mir Stimme und Gehör.
Ich bin dir fern – du bist so nah –
zieh mich in deiner Liebe Meer!

Herr, nimm von allem Lärm mich weg,
berühre mich im Stillen
und deine Arme um mich leg,
lass mich dein Nahsein fühlen.

Herr, du entzünde mir dein Licht,
nimm von mir, was mich blendet,
und heile, was noch widerspricht,
dass sich's zum Guten wendet.

Herr, schenk mir deinen Heil'gen Geist,
befreie meinen tauben Sinn,
damit dich alles in mir preist
und ich dich endlich ganz gewinn.

---

* „Effata" (aramäisch) bedeutet „öffne dich!" (vgl. Mk 7,31-37).

Emmaus

Ohne Hoffnung,
den Weg verloren,
freudlos gingen wir hinaus,
zurück blieb unsrer Träume Staub.
Verzweiflung fasste uns ans Herz,
und unsere Schritte hallten
von Totenklage.
Bis uns einholte
barmherziger Schatten,
fremd und doch rätselhaft vertraut
wie scheidender Tag.
Auf einmal war ein Fragen
und neuer Mut zum Bleiben,
zur Einkehr in ein Ja und Jetzt.
Das hob die Angsttür aus den Angeln,
die Schatten fielen
und neuer Tag brach an.
In unsere Dornstrauchherzen
fiel plötzlich brennendes Erkennen
beim Segen über Brot und Wein.
Die Tür sprang auf,
zog uns hinaus, zurück
erschüttert in ein neues Leben.

Sind wir denn Hunde?
Begnügen wir uns denn
mit hingeworfenen
toten Knochen?

Fels sein

Fels wollte ich sein und sicherer Grund,
bin doch nicht mehr als Gras im Wind.
Dein Ruf erschrak mich, gab mir kund:
Du, Vater, suchst mich als dein Kind.

Ich zweifle, ich irre, bin unbedacht,
ein Ungestüm treibt mich ins Leere.
Dein Wort trifft ins Herz so klar und so sacht,
nimmt von mir die lastende Schwere.

Du durchdringst all meine Gedanken,
du formst mein Zögern zu Schritten.
Dich hindert nicht mein Zweifeln und Wanken,
erfüllst im Erkennen mein Bitten.

Fels wollte ich sein und bin Erde!
Du sprichst über Brüche und Schmerzen
alles verwandelnd dein „Werde!
Du sollst ein Fels sein im Herzen!".

Geträumtes Gebet

Zu dir zurück
nach lang verirrtem Suchen,
in kalte Leeren ausgeleert,
blind tappend noch
im Kreislauf des Vorläufigen.

Zu dir zurück
aus taubem, dämmrigem Verdursten,
heimkehrend nackt
aus uferlosen Wünschen,
löst sich mein Herz aus Stricken
besitzlos offen.

Zu dir zurück
aus Widersprüchen blutend.
so viele Götzenbilder noch zu stürzen,
empörtem Ansturm weichend
deiner Liebe.

Zu dir zurück,
weil mein verstummtes Beten
mir lähmend glauben machte,
dein Schweigen hieße
verlorenes Entfernen.

Zu dir zurück
einatmend dein Erwarten,
Sieg kostend unter Tränen,
umarmt erbarmend väterlich
flüchtend ins Ziel –
endgültig.

Göttliche Sprache

O Gott, du sprichst in vielen Sprachen
zu mir und allen, die dich suchen,
und ob sie weinen, ob sie fluchen,
du sprichst im Schweigen, Weinen, Lachen.

Im perlenklaren Morgentau
und auch im späten Amselflöten,
in federleichten Wolkenröten
rufst du mir ständig: Hör und schau!

Ich höre dich im Weckerrasseln
und schmecke dich im Frühstücksbrot,
du sprichst zu mir in vieler Not,
wenn auf mich Fragen niederprasseln.

Im Regenbogen farbenfroh
spüre ich dein versproch'nes Ja.
Du bist in meinem Staunen da,
in Liebesflammen lichterloh.

Lass auch in meiner Stimme Schall
dein Wort als Segen weiterschwingen
zu aller Schöpfung Wohlgelingen,
vereint in einzigem Choral.

Grüner Pfingsthymnus*

O Grünkraft du, vom Licht umarmt,
du öffnest Herzen, Sinn, Gemüt,
du machst, dass alles in mir blüht,
selbst Dürrem hast du dich erbarmt.

Aus dunkler Mitte bricht hervor,
was nicht im Tode bleiben kann,
denn neues Leben bricht sich Bahn,
stimmt an des Grünen voller Chor.

Was wie in Todesstarre lag,
wird aufgeweckt durch deinen Kuss,
weil Leben atmen, grünen muss.
Das ist des Heil'gen Geistes Tag!

Nun kreist in mir des Geistes Grün,
treibt neuer Liebe Blütenpracht,
verkündend Gottes Schöpfermacht;
ihr geb ich all mein Streben hin.

Dem Vater aller Herrlichkeit,
dem Sohn in gleicher Gotteskraft,
dem Geist, der neues Leben schafft,
sei Lob und Preis in Ewigkeit!

---

* Melodie: GL 342 „Komm Heil'ger Geist". Die „Grünkraft des Hl.
  Geistes" (*viriditas* / lat.) ist ein Wort der Hl. Hildegard von Bingen, die
  davon überzeugt war, dass *„der Heilige Geist grün ist"*, weil durch ihn überall
  neues Leben entsteht.

Ich bin

Ich bin – doch fremd noch immer,
wie aufgelöst in Fernen,
geheimnisvoller Schimmer
gleich unerforschten Sternen.

Ein Ahnen ist's, ein Sehnen,
ein Fühlen großer Kraft,
wie Klang in leisen Tönen,
der allem Deutung schafft:

Geworfen nicht, gerufen,
erdacht, geliebt, gewollt –
auf allen Daseins Stufen
ins Ebenbild geholt!

Nichts, was mein Pilgern hemmt,
und wird's auch wieder Nacht.
Ich bin – so nah, so fremd,
und bin doch gut gemacht.

Ich bin dein Kind

Aus Erde und aus deinem Geist
hast du, o Gott, mich, Mensch, gemacht,
aus deinem Blick ward mein Gesicht.
So köstlich Leben in mir kreist,
ein schöner Leib ist mir erdacht
und Augen für das Sonnenlicht.

Und für dein Wort schufst du mein Ohr,
zu lauschen deiner Welt Musik,
und einen Mund zu Preis und Dank!
Mit ganzer Lust will ich im Chor
der Schöpfung sein dein Meisterstück,
von dir erzählen lebenslang.

Auch wenn ich spüre innerlich
ein Hin und Her in meiner Brust,
der Höhen, Tiefen Sturm und Drang,
so glaub ich – alles sucht nur dich!
Der ganzen Schöpfung Lebenslust
will feierlichen Lobgesang.

Deine Augen schau'n in meine,
deiner Finger Zärtlichkeit
wecken meines Herzens Mut,
damit ich lebe nur das Eine
gestern, morgen, so auch heut':
Ich bin dein Kind. Das ist so gut!

In allem ist Unsterblichkeit

In allem ist Unsterblichkeit,
und was geschaffen, atmet Gott,
ob Sonne, Schmetterling, ob Brot,
in allem: innerstes Gebot,
zu bergen aller Zeiten Zeit.

Wie Gott in aller Schöpfung west,
ist wie gefühlte Liebe nah,
und allem inne ewiges Ja,
ein großes Du, jetzt für dich da,
woher, wohin du immer gehst.

Wir selbst sind Gottes Ebenbild,
sein Wort gilt ewig rein,
wird unvergänglich sein,
wir, seiner Liebe Schrein,
unsterblich gottgefüllt.

In immer neue Weiten

Du weißt von mir seit Anbeginn,
schaust wachen Auges mir voraus,
du kennst die Wege, bist zu Haus
in Stille und in Sturmgebraus.
In dir weiß ich: woher – wohin.

Auf meinem Herzen deine Hand:
Bin gerne deine Beute.
Du rufst mich Freund zur Freude,
in Gottes neues Heute
an deiner Statt gesandt.

Kein Tag muss mich gereuen,
den ich für dich verloren,
denn du bist mir geboren,
ich hab mich dir verschworen,
das soll sich jetzt erneuen.

Noch mehr will ich ins Hören,
mich in dein Wort versenken,
dein Arm wird mich ja lenken
zu einzigem Verschenken,
dir, Gott, zu Lob und Ehren.

Du bist in meinen Schritten,
du wirst mich treu begleiten
in immer neue Weiten –
in deine Ewigkeiten.
Du bist in meiner Mitten.

Osterhymnus*

Christus entsteigt ins Leben neu,
durchbricht des Grabes Tod und Nacht,
der aller Elemente Herr,
verströmt ins Universum Heil.

Als Erdenkind war er gesandt,
getauft im Wasser als der Sohn,
bestand des Leidens Feuer treu
und sandte seines Geistes Hauch.

Mehr als vier Himmelswinde zeigt
uns nun sein Friede Weg und Ziel;
der alle Waffenmacht besiegt,
schenkt seiner Liebe Schöpferkraft.

Dich Vater voll Barmherzigkeit
lobpreisen wir, mit Christus eins,
im Heil'gen Geist zu dir entbrannt,
in Ewigkeit dein Eigentum.

* Melodie „Komm, Heilger Geist, der Leben schafft" (GL 342)

Thomas

Nun ist es nicht mehr aufzuhalten,
wovon ich Feuer unstillbar empfing,
und will jetzt nimmermehr erkalten,
nur noch des Brandes Macht entfalten,
ihn schenken jedem Erdending.

In Zweifeln wehrte ich dem Licht,
hilflos als dunkler Fragen Beute,
sah nur mein Eigen, sah die Sonne nicht,
bis diese leise Stimme zu mir spricht:
Leg deine Hand in meine Seite!

Da wagte ich ein zagendes Berühren
an diesem Lichterleib der Wunden,
ließ staunend alle Zweifel, alles Irren –
durchglüht in einem einzigen Verführen,
in einem Schauen und Gesunden.

Seit tief ins Herz der Liebe Feuer sprang,
mich ganz umschloss der Wunden Rot,
will ich nun brennen lebenslang
und Ton sein eines Liebenden Gesang
und kniend künden: *Herr, mein Gott!*

Das Gedicht entstand aus einer Betrachtung zum Wort „*ex tactu concipit ignem*" (in der Berührung fängt er Feuer) unter dem Deckenbild „Christus und Thomas" in der Konviktskirche Ehingen.

Ein Ja

Ein JA eröffnet Zeit,
ist Same für Vision,
entlockt den Hoffnungston
aus Hoffnungslosigkeit.

Es kommt, berührt, befreit
aus tiefen Schweigens Hort
das bang ersehnte Wort:
Es sei, ich bin bereit.

Die enge Tür wird breit,
steht offen unverstellt,
steht offen aller Welt:
Zukunft sperrangelweit!

Novembersonne:
tanzende Mücken im Licht –
ist Sterben so leicht?

IV WEGE DURCH JAHRESZEITEN

Spuren

Wenn neue Tage, Jahre sich entfalten,
spannt sich darüber schon der Regenbogen,
darin Verheißung still verwoben
in unsagbar mächtigem Gestalten.

Ein Segen geht mit jeder Sonne auf,
bleibt, sinkt nicht abendmüde nieder,
bleibt da wie ungesungene Lieder
und schwinget ein in jeden Lebenslauf.

In allen Daseins lastenschweren Spuren
west wundersames Wachsen, Reifen
geheimnisvoll, kaum zu begreifen
wie Tau und Regen auf der Weite Fluren.

So werden wir in allem Ungewissen,
wenn uns bedrückt der harten Tage Joch,
in unseren Lebensspuren ahnen doch,
wie immerdar wir uns getragen wissen.

Alles im Fluss

Unter frostigen Zweigen
strömt durch die schattige Pforte
schmelzender Schnee ohne Worte
wie Perlen dem Wasser zu eigen.

Leise in weglosen Wellen
fließet der Winter dahin,
singt heiliger Stille Gewinn
in ewiger Ahnung der Quellen.

Mein Leben so flüchtig entschwunden,
wie verlorene Wasser verflossen,
in Auferstehung gegossen
und darin für immer gefunden.

Blütentraum im Februar

Im leeren, kahlen Apfelbaum
vier Meisen und ein Spatz,
sie sitzen still im Plusterflaum
und halten kleinen Schwatz.

Alle wissen noch, wie kalt
es war in diesem Winter,
in eisiger Naturgewalt,
das war kein Gutgesinnter!

Doch jetzt wird's Frühling, komm und schau,
er küsst bald jeden Baum,
mach es wie wir, sei meisenschlau:
Träum deinen Blütentraum!

März-Bäume

Kühle Ruhe füllt die Leere
der winterlichten Bäume aus,
doch ihrer Wurzel Erdenschwere
birgt schon ein volles Blätterhaus.

Sehnsucht schwillt in freien Ästen –
offene Arme voller Warten –
leise Lüfte weh'n aus Westen
durch den ahnungsvollen Garten.

Bald wird's rauschen unerhört:
Eilig Leben bricht hervor,
ein immer Neues liebenswert
und grüner Schutz dem Vogelchor.

Frühling

Die Sonne streckt die Arme aus
in warmen, lichten Strahlen,
sie lockt die Schneeglöckchen heraus,
ach, lass den Winter prahlen!

Was nützt denn noch sein Eigensinn?
Vorbei sein eisig Grimmen,
schon bald schmilzt er dahin, dahin,
flieht vor den Vogelstimmen.

Da klopft das Herz voll freudig Hoffen,
und plötzlich, über Nacht
sind alle Fluren grün und offen:
Der Frühling ist erwacht!

Die Sonne lockt

Die Sonne lockt das Grün hervor
aus jeder Erdenfalte,
dass bald mit buntem Blütenflor
der Frühling Einzug halte.

Was leblos kalt im Boden schlief,
will uns nun neu beglücken,
will, weil das neue Licht uns rief,
die Nacht in uns besiegen.

So lasst uns trauen endlos frei,
dass Winters Zeit beendet
und wahres Leben ewig treu
uns Auferstehung spendet.

Frühlingsgefühle
ein heiter leichtes Ahnen
nichts träumt sich so leicht

Osterfreude

Leben will ich – leben!
Das Leben will ich feiern,
geschenkt und hingegeben
es will sich stets erneuern.

Ich glaub der Ostersonne
und wage Freudensprünge,
verkoste sel'ge Wonne
und freue mich der Dinge.

Ein Jubel, tief und laut,
quillt aus der Seele Grund,
weil ich im Geist erschaut
des neuen Lebens Bund.

Der Tod ist schon gestorben,
das Leben hat gesiegt.
Ihm bin ich ganz erworben,
mein Leben ist geglückt!

Mai

Was immer blüht auf dieser Erde,
wo immer Leben sich entfaltet,
da ruft die ganze Schöpfung: werde!
Dass selbst das Nichts sich neu gestaltet.

Kaum war dem Wintertod entronnen
der Bäume stiller Blütenschlaf,
erweckten warme Frühlingssonnen,
wo neues Licht auf Knospen traf.

Das Leben, immer neu erdacht,
in ewigem Gehorsam treu,
berührt mit seiner Blüte sacht
auch mich: Hab Mut und werde neu!

Ich will das neue Leben wagen,
lass Starres neu sich regen,
lass mir Erlösung sagen
in Gottes Blütensegen.

Morgenlied

Mürrisch weicht dem Dämmerlicht
die Nacht und sinkt darnieder,
und durch das Grau der Frühe bricht
des Morgens junges Angesicht
und leuchtet allen wieder.

Aus farblos fahlem Himmelsbild
fällt plötzlich rosig Leben,
und Farb' um Farbe kommt und füllt
das Firmament so herrlich mild –
oh kann es Schön'res geben?

Erst ein zärtlich Purpurband,
dann golden, glühend rot
und strahlend aus dem Feuerbrand
steigt die Sonne in das Land,
oh großer Schöpfergott!

Ein neuer Tag ist uns geschenkt,
ein neuer Tag voll Leben,
vom Morgen bis zur Nacht gelenkt
durch Gottes Güte unbeschränkt.
Herr, gib uns deinen Segen!

Wir gingen still

Wir gingen still im Schauen
des Tages junges Werden,
als e i n e s Wegs Gefährten
im frühen Morgengrauen.

Mit wachen Sinnen tranken
wir Fluten neuen Lichts.
Wer hat ein Wort – wer spricht's?
Kommt, lasst uns einfach danken

für dieser Dämm'rung Grau,
für rosarotes Wogen,
für weiße Wolkenflocken
und für des Himmels Blau.

Der Bäume stummes Schwarz –
geheimnisvolles Schweigen,
vollendend diesen Reigen –
sagt dir und mir: Bewahr's!

Die Rose

Die Rose blüht so reich, so licht,
ich seh's und steh verwirrt,
vernehm, wie ihr Geheimnis spricht,
wie's meine Seel' berührt.

Sie blüht und fordert keinen Lohn
und schenkt sich immer ganz;
trotz ungestümer Winde Hohn
bleibt rein ihr samt'ner Glanz.

Sie lässt sich brechen und verteilen,
erduldet Todesschmerz;
sich selbst verschenkend hilft sie heilen,
beleben starres Herz.

Die Rose sagt mir unverhüllt:
Wer liebt im Augenblick,
sich lässt aus reiner Liebe mild,
bleibt reich und voller Glück.

Es zog mich

Es zog mich so zart in den Garten,
weiß nicht, war es Wille, Gewalt?
Da war kein Zögern, kein Warten,
entführt wie im Traume bald.

Da war's wie ein Singen, ein Klingen,
ein Beben – ein seltsames Spüren,
ich litt wundersames Umschlingen,
ein ganz mich selber Verlieren.

Aus Farnen rief's mich herbei,
gab leis' sein Geheimnis mir preis,
dazu läutet sacht Akelei –
ich bewahr es im Herzen: Ich weiß!

Freude am Regen

Ich steh am Fenster, und der Regen rinnt,
seit Stunden immer neue Güsse.
Ich schaue, lausche wie ein Kind
und in mir singt's von Freude, Süße.

In Nässe neigt der Fliederbusch sich nieder,
vermisst gar sehr der Schmetterlinge Kuss,
doch morgen hebt er seine Häupter wieder,
verschenkend seiner Blüten Überfluss.

Wie gut, dass Regen fällt in Fülle,
schon war's der trock'nen Erde bang;
nun löschen Ströme heiße Sommerschwüle
aufschließend neuen Lebensdrang.

Und in den Bäumen blitzen Edelsteine,
an jedes Blatt so einzig rein vergeben,
als hätten tausend Engel allen kleine
Seelen verschenkt zu neuem Leben.

Ach Regen, bleib nur eine gute Weile,
doch dann zieh weiter, mehr nach Osten.
Zu viel bringt Schaden und auch Langeweile
und alles will bald wieder Sonne kosten.

Hibiskus

Schön bist du, Hibiskusblüte,
wundersam und einzig, prächtig,
du entzückst mir das Gemüte
und ich betrachte dich andächtig.

Einzeln stehen auf dem Stiele
fünf Blütenblätter – zartes Nichts,
vereinen sachte sich zum Spiele
im farbenfrohen Tanz des Lichts.

Wie ist dein Kleid so fein gesponnen,
als Glockenkelche rein und klar,
umrahmt von grünen Blatt-Ikonen –
nur staunen kann man – immerdar.

Es gibt dich auf der ganzen Welt
als Blume, Blüte und als Strauch
in Farben, Formen ungezählt
und in meinem Garten – auch!

Drum dank ich Gott, dass es dich gibt
in der Familie der Malve
und mich, der dich von Herzen liebt,
dir jeden Tag sagt: Salve!

Ernte

Nach der Ernte kummervolle,
des Korns beraubte Ackerscholle,
trocken trotzt sie Sommerluft.
Lebenssatt die reife Frucht,
traf sie plötzlich Schnitters Wucht,
seufzend unter Todesduft.

Leer liegt alles, frei genug,
tief in die Erde hilft der Pflug
schon das Neue vorbereiten.
Sturm und Frost und Regentränen
wecken wieder zartes Sehnen,
weicher Erde Lebenszeiten.

Mensch, du Erdenkind, hör zu,
die Ackerscholle, das bist du:
Lass los, gib deine Lebensfrucht.
Der seinen Samen in dich legte,
Er ist's, der dich zum Leben weckte,
der dich für ewige Scheunen sucht.

Im Ährenfeld

Jetzt ist es gute Zeit zu reifen,
wenn alles in Erwartung liegt
und gold'ner Frucht entgegenträumt.
Noch viele Stürme werden streifen
der Halme Häupter unbesiegt,
die laut'res Nichts umsäumt.

Traum und Erwartung werden wahr,
im Mittag heil'ge Fülle naht.
Doch bald, in bebendem Erschrecken
nimmst du Vorübergang gewahr,
erleidend inn'rer Wandlung Rad,
Verborgenes zu wecken.

Sei still in dir, mit keinem Laut
empöre dich dem Licht entgegen,
im Windhauch lass dich biegen.
Du bist in Leidenschaft erschaut,
seit Ewigkeit gekrönt mit Segen:
Ihn atmend, wirst du siegen.

Gänseblümchen

Hätt' ich's genau gewusst,
wohin der Wind mich treibt
und welchem Willen
ich gehorchen soll –
so wüchse ich nicht hier.
Nur Dunkel um mich her
und Helle kaum von oben,
so grub ich meine Wurzeln
in die Tiefe.
Und wider alle Hoffnung
trug mich
die Kraft von innen
unaufhaltsam
dem Licht entgegen.
Keines Gelehrten Geist
kann je mein Werden zeugen
noch meinem Wachsen
widerstehen,
doch jeder Dummkopf
kann mich für Unkraut halten
und vernichten.
Bleib eine Weile steh'n
und staune.
In Dankbarkeit sei weise
und still – noch heute
kann das Wunder
auch in dir selbst beginnen.

September

Schon will der Sommer uns enteilen,
erlöst, die Scheunen reich zu füllen,
und Pflüge sind dabei, einstweilen
der offenen Äcker Leere zu enthüllen.

Nur Bäume harren noch der vollen Reife,
schon schwellen Früchte voller Stolz.
Zugvögel ziehen fort in langer Schleife
und vor den Häusern hackt man Winterholz.

Jetzt ist zu langen Briefen wieder Zeit
und klare Luft lässt weite Blicke kreisen
und Wünsche schicken mit den Wolken weit.
Vielleicht werd ich ein letztes Mal verreisen.

Urlaubsgedanken

Es war so gut, einmal zu fliehen,
das Altvertraute loszulassen.
Wie gut, sich ganz zurückzuziehen
von so viel eingefahrenen Straßen!

Das Auge saugt sich satt an Weiten,
an Bergen, Höhen, Wolkentürmen …
Ich merk beim ruhig Vorwärtsschreiten,
wie's in mir nachlässt mit den Stürmen.

Allmählich öffnen sich die Sinne,
als kämen sie aus Hungersnot;
im Hören, Fühlen wird mir inne,
wo sich ein Glück zum Greifen bot.

Ich will der Stille Raum gewähren,
will nichts erhaschen, nichts erzwingen.
Ich will der Eile in mir wehren,
will spüren, neue Lieder singen.

Was bleibt von solch erfüllten Stunden?
Sie schwinden, doch die Fülle währt,
ist in die Seele eingebunden
als Schatz, davon das Herz sich nährt.

Und wenn in langen Wintertagen
Nebel und Schatten mich bedrängen,
dann soll'n mich lichte Mächte tragen:
Ich lausche meinen Sommerklängen!

Halt inne

Du trittst des Abends vor die Tür,
siehst über dir das Firmament
und der Gestirne nächtlich Wandern.
Du schaust mit allen, allen andern
vom Ursprung bis zum Weltenend'
die gleichen Bilder über dir.

Wie Menschen seit Millionen Jahren
siehst du den Mond sich füllen, schwinden.
Seit je ein Mensch zum Himmel blickt,
die Sonne Licht und Wärme schickt,
kannst du mit Sehenden wie Blinden
den gleichen Zeitenlauf erfahren.

Es strömte der Gezeiten Wende
seit jeher hin und her wie heut'.
Das Gras wuchs langsam, still und leise
und Früchte reiften ihrer Weise,
und alles folgt je eig'ner Zeit,
wird bleiben bis zum fernen Ende.

Wer hat zu zählen dich gelehrt
Minuten, Stunden oder Tage,
darin die Zeit zur Falle ward?
Ewigkeit ist Gegenwart –
halt inne, lausche nur und sage:
Leben bleibt immer lebenswert!

Am Weinstock

Wie viel Sonnenstunden, Nächte
gaben Farbe dir und Saft,
wie viel Erd- und Himmelsmächte
vermählten sich zu deiner Kraft?

Trink noch den späten Sommer ganz,
dass alle Frucht zur Reife schwillt,
bis jede Rebe voller Glanz
das Werk der Kelter nahen fühlt.

Die Trauben sterben in den Wein,
verschenken sich im Freudentrank.
So will auch ich gewandelt sein
zu meinem Heil – dir Gott zum Dank!

Herbst

Jetzt ist es Zeit, die Früchte einzuholen,
bevor der Sturm die Bäume leert.
Was später Sommer uns beschert,
wird als Vermächtnis uns befohlen.

Mit kalten, grauen Nebeltüchern
verhüllt November alle Pracht,
und in der langen Winternacht
bleibt nur der Sonnenblick aus Büchern.

Doch seh ich's glänzen in den Erlen,
wenn's still und tot fast um mich her,
auf allen Zweigen, arm und leer,
da glitzert's tausendfach in Perlen.

Und in den feuchten, kühlen Schwaden
ein Atmen wie im Brautgemach,
und Äcker fruchterwartend brach
begehren lustvoll drin zu baden.

Wie weise lockt der Wintertod
uns durch die Nacht zum Leben,
lässt uns ins Licht voll Sehnsucht streben,
und unterm Eis wächst neues Brot.

Ich weiß: In allen Knospen treibt
schon heimlich, frühlinghaft sein Spiel,
der alles, alles segnen will,
Er ist's, der war und kommt und bleibt.

Herbstlied

Ich mag den Herbst mehr als den Mai,
weil er zur Höhe führt.
Wenn jeder Baum jetzt Blatt um Blatt verliert
und goldenes Verglühen mich berührt,
wenn alles stürmt: vorbei, vorbei,
dann wird der Blick zum Himmel frei.

Der kahlen Äste edle Leere
entlässt die Farben leicht,
und wiegend, sanft, veratmend weicht
zur Erde, was der Erde gleicht,
damit ihr alles ganz gehöre
und nichts den Blick nach oben störe.

Ich mag der Bäume stilles Stehen
und schweig ihr Schweigen mit,
darin versunken lockt das Lied
des Nichts, aus dem die Fülle tritt:
In allem herbstlichen Vergehen
ruft mich das große Auferstehen!

Laub kehren

Nun stiebt er wieder ausgelassen,
der herbstlich bunte Blätterwind,
schmückt Plätze, Wege, alle Gassen
mit des Novembers Angebind'.

Der Blätter farbig goldnes Glüh'n
erfreut nur leider alle nicht;
so mancher meidet gern die Müh'n,
der Laubentsorgung läst'ge Pflicht.

Mein Nachbar fürchtet sich davor,
dass der Nordost sich dreht
und ihm genau vors Gartentor
mein Laub hinüberweht.

Ich wünsch ihm viel Gelassenheit
und dass er's heiter nimmt,
dann wird auch diese Jahreszeit
ihm innerlich verblümt.

Und bläst der Herbstwind aus Südwest
des Nachbarn Laub zu mir,
wünsch ich ihm Blatt für Blatt das Best'
zurück vor seine Tür.

Baum des Lebens

Zum Frühling dreht sich die Erde
und du bist der Baum, der erblüht,
an Wasserbächen gepflanzt,
drängt Sehnsucht in dir hin zum Leben.
Verwurzeltes Sein in den Quellen
und stark in geduldigem Warten.

Zum Sommer dreht sich die Erde
und Wachstum durchströmt deinen Stamm,
aus dunklen Gründen fließt Kraft
und Wissen schafft neue Wege,
dringt durch Zweige und Blätter,
verwandelt Blüten in Frucht.

In herbstlichem Reifen der Erde
beugt sich der Baum vieler Last,
weiß klug alles Wünschen zu lassen,
denn Liebe verschenkt sich in Fülle,
getragen vom Quellgrund des Segens,
strahlt noch im Welken sein Licht.

Zum Winter dreht sich die Erde,
noch immer trägst du die Krone,
lebst in Weisheit aus Schätzen der Tiefe,
geborgen in Träumen aus Licht,
wissend um das Leben in Schatten,
gerufen zum Einssein in Allem.

Das Tun-Wort „weihnachten"

Es ist Advent, und Hannes sitzt
an seinen Hausaufgaben.
Tunwörter schreibt er, und verschmitzt
scheint er etwas entdeckt zu haben.

Bei Verben, sagt er, die mit …*en*
am Schluss, ist was zu tun.
So ist's doch auch mit weihnacht-*en?*
Kann man da etwa ruh'n?

Dass Weihnachten ein ***Tun***-Wort ist,
das ist doch ziemlich sicher,
das weiß auf jeden Fall ein Christ,
da braucht es kein Gekicher.

Denn Jesus ist für uns geboren,
damit wir Gutes ***tun.***
Sonst hätten wir hier nichts verloren;
lasst uns nicht eher ruh'n,

bis Weihnachten als *Tun*-Wort allen,
den Mädchen und den Knaben,
begreiflich wird zum Wohlgefallen
als Herzens-Hausaufgaben.

Innen und außen
(weihnachtliches stammeln)

draußen auf dem feld
tief drinnen in der nacht
dringt aus dem sternenzelt
was außen innen macht

drinnen in dem stall
ist „draußen" dem beschieden
der draußen überall
schenkt neuen inneren frieden

im äußern sei ganz innen
lass inneres außen lenken
dann wird in äuß'rem sinnen
von innen neues denken

Blick zu den Sternen
– Widmung an Wohltäter –

Wenn Dunkelheit den Abend füllt,
der Tag sich in die Schatten senkt,
dann such ich nach dem Sternenbild,
dem Licht, zur Freude mir geschenkt.

So weit, so nah, mir ganz entrückt,
schau ich nach oben, atme, staune,
bin wie im Traume, ganz verzückt
ob unsagbaren Schöpfers Laune.

Ein Jubel füllt mich wie das All,
ein Wille, meine ganze Kraft
dem zu weih'n, der überall
solche Zeichen mir erschafft.

Auch ihr seid sternengleich für mich,
weil Licht ihr spendet in der Nacht,
daraus die Liebe weihnachtlich
aus Armut neuen Reichtum macht.

Kommt, lasst uns schauen in dem Stall
des ewigen Lebens Sternenglanz.
Bedenkt: Auf uns fiel seine Wahl –
Er schafft uns neu und frei und ganz.

Schaut, welch ein Riss den Himmel teilt,
weil Gott ein Menschenkind will sein!
Er kommt, der uns're Herzen heilt
in sternenstillem Glücklichsein.

Jetzt ist die Zeit

Jetzt ist die Zeit der großen Lichter,
zu hell, um Sterne noch zu schau'n.
Die Dunkelheit wird immer dichter,
je mehr wir nur den Dingen trau'n,
die wir kaufen, zahlen, zeigen
und die uns doch im Wege steh'n …
    Lerne zu hören – Gott spricht im Schweigen,
    tu was – und du wirst Wunder seh'n!

Lass einmal allen Glitzer schwinden
und allen Lärm lass von dir flieh'n;
lass dich vom eig'nen Suchen finden
und spür die Spur zur Stille hin.
Dein Selbst lass sich in Demut beugen –
ein größ'res Licht will mit dir geh'n:
    Lerne zu hören – Gott spricht im Schweigen,
    tu was – und du wirst Wunder seh'n!

Den Hirten wird in Heil'ger Nacht
der Langersehnte froh verkündet.
Sie fanden Ihn, der ohne Macht
den Frieden auf der Erde gründet.
Ist dir der Hirten Sehnsucht eigen?
Brich auf, das Kind im Stall erkenn'!
    Lerne zu hören – Gott spricht im Schweigen;
    tu was – und du wirst Wunder seh'n!

Mensch, was du bist, das sollst du werden!
So lass von Gott dich wandeln sacht:
Er will in dir als Mensch auf Erden
geboren sein in Heil'ger Nacht.
Du selbst darfst dich als Wunder zeigen,
für and're dich als Heil versteh'n!
    Lerne zu hören – Gott sagt's im Schweigen.
    Tu's heute – du wirst Wunder seh'n!

Engel

Es gibt sie – still und unsichtbar,
sie kommen ungerufen.
Man nimmt sie ahnend nur gewahr
auf manchen Lebensstufen.

Wer seiner Jahre sich besinnt
mit hellen, dunklen Tagen,
der spürt, dass gute Geister sind
wie Brücken, die uns tragen.

Sie sind wie gute Freunde treu
und leih'n uns ihre Schwingen,
dass uns're Seele immer neu
ihr Lied zu Gott kann singen.

Ach Engel, ihr! Nehmt uns doch mit,
zur Krippe lasst uns geh'n!
Damit uns Seligkeit geschieht –
führt uns nach Bethlehem!

Verwandeln will das Kind im Stroh
uns flügellahme Helden,
dass wir wie Engel, still und froh
der Welt den Frieden melden!

Auf dem Weg zur Krippe

Komm zur Krippe, hoffnungwärts,
damit wir Leben finden
und unser ruh'los suchend Herz
ankommt in Ruhegründen.

In abgrundtiefe Dunkelheit,
in einsam schwarzes Starren
leuchte strahlend Friedenszeit,
erlöse unser Harren.

Neu erwache Geist und Sinn,
lass alle Kräfte quellen,
o dass sich alles mir versühn
und Lobgesänge schwellen!

Der ew'ge Born ist aufgetan,
darin die Nacht ertrinkt.
Jetzt hebt ein neues Heute an,
das in mir „Aufbruch!" singt.

Weihnachtlich widerständiges Gebet

Ich will dich nicht finden
im Himmel, du Gott.
Ich such dich in Gründen,
da vorne, da hinten,
in menschlicher Not.

Ich suche dich eher
bei denen, die leiden,
da scheinst du mir näher
wie dem Nazoräer,
dessen Stall so bescheiden.

Wüsst ich, dass du oben
auf fernen Emporen
uns unten lässt toben
und du lässt dich loben,
dann hättst du verloren.

Ich such einen Gott,
der fassungslos weint,
der liebt und nicht droht,
der mit mir ins Boot
holt den Freund und den Feind.

O Gott, wenn es dir
nicht die Sprache verschlägt
vor menschlicher Gier,
dann bleib vor der Tür,
dann bist du defekt.

Lässt alles dich kalt,
dann lass ich mein Suchen,
dann gebe ich bald
dir nur noch Gestalt
in Tränen und Fluchen.

Doch will ich nicht glauben,
dass dein Wort nicht mehr gilt,
dass wir nur verstauben,
zum Leben nicht taugen,
wir sind doch dein Bild!

So will ich wie du
mich zum Menschen bekennen,
kein Weg ist tabu,
lieber Kampf statt der Ruh',
und Hoffnung soll brennen.

Dann kann aus dem Stall
ein Himmel auf Erden
und auf jeden Fall
ganz universal
der neue *Mensch werden.*

Jahreswende

Dem Neuen will ich still entgegenträumen,
geduldig, sacht, wie junge Wintersaat,
gelassen dulden allen Widersinn …
So wächst in unverhofften Lebenskeimen,
was mir verborgen sich verkündet hat,
zur rechten Zeit als goldener Gewinn.

Ich dränge nicht die antwortlosen Fragen,
gewähre ihnen eigen Zeit und Raum;
dem Leben will ich trau'n, den Vögeln gleich,
und guten oder schweren Wettern sagen:
Ich bin in Gott verwurzelt – Lebensbaum,
verschenkt der Welt – wie bin ich reich!

Lebensübergabe

Am Ende eines Jahres
kommen die Gedanken,
die guten und die schweren,
und die Fragen:
Wohin ging meine Kraft,
und was hat mich getragen?
Was soll ich noch erbitten,
wofür denn danken?

Wie gut wär es,
wenn ich mit meinen Lebenstagen
vor meinen Herrn
mit schmutzigen Händen träte
und dazu stehe,
dass ich Leere wage,
und dass ich falsch zu handeln
nicht verschmähte.

Vielleicht,
so traue ich zu hoffen,
wird mir der Herr dann sagen:
„Du, so war es gut.
Du hast dich eingemischt,
du warst stets offen,
hast mit angepackt,
du hattest Mut.

Du hast mit deinen Fehlern
verletzt und angeeckt,
hast viel verdorben,
doch galt für dich zuletzt:
Du hast den Kopf
nie in den Sand gesteckt
und neue Zeichen
hoffnungsvoll gesetzt."

Ich habe meine Hände
leer empfangen
und gebe sie nun
sehr gebraucht zurück.
Dass du sie füllst,
war immer mein Verlangen.
Es ist dein Tun auf ewig –
und mein Glück.

Nun schreiten wir

Nun schreiten wir getrost und frei
hinüber in die Zeitenferne.
Wir tragen brückengleich und treu
ins Morgen unsrer Sehnsucht Sterne.

Wir folgen nicht dem Trug der Macht,
doch inn'rer Stimme, ungewollt,
durch aller dunklen Sinne Nacht,
erleuchtet von der Weisheit **Gold**.

Im Pilgern hebt sich flügelleicht
über die Jahresschwelle
wie ein Gebet, das **Weihrauch** gleicht,
zu Gott hin unsre Seele.

Und will uns bittrer **Myrrhe** Schmerz
im Zeitenlauf begegnen,
dann soll erst recht Gott unser Herz
und unsre Schritte segnen.

Nachmittagsstunde
aus dem offenen Fenster
klingt die Sonate

V DAS KLEINE SCHÖNE

Das kleine Schöne
– Gespräch der Liebenden –

„Was war das Schönste heut'
an diesem Tag – für dich?
Was hat dich einfach nur gefreut,
ganz still und innerlich?
Was war dein kleines Glück
ganz groß in deinem Herzen,
ein ungeahnter Augenblick
und hell wie Christbaumkerzen?"

„Ach du, das Schönste heute war,
dass du heimkamst und ich lag noch wach.
Du warst zu Haus – und das war wunderbar.
Da wich des ganzen Tages Weh und Ach!
Du tratest ein auf leisen Zehen,
und es war schön, dich in der Tür zu sehen!
Und kaum dass wir uns in den Armen lagen,
war alles eins – wir schauten nicht zurück.

Wir sehnen uns nach vielen solchen Tagen,
nach diesen kleinen Augenblicken Glück."

Akelei

Allem ist Berufung eigen
und eigen Wachsen und Gedeih'n.
Was ihm bestimmt, das soll sich zeigen
und wird sich durch Erfüllung weih'n.

Nichts kann seinen Platz ersetzen,
kein Leben wiederholt sich je
in einzigartigen Gesetzen
als eines Liebenden Idee.

So wachse, blühe immerfort,
leb absichtslos, wie es auch sei –
mach's wie die blaue Blume dort,
mach's wie die schöne Akelei!

Der Große Wagen

Weißt du noch, jene Sommernacht,
als über uns der Sterne Pracht –
der Große Wagen klar und weit
erzählt' uns von Unendlichkeit?

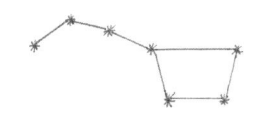

Wir nahmen's tief in uns hinein,
und in der Liebe Widerschein
konnt' ich nicht anders, als zu sagen:
Ich schenke dir den Großen Wagen!

Aus sieben Sternen wird sein Bild
zu einem Zeichen uns so mild,
denn sieben Jahre galt's zu warten
bis zu dieser Stund' im Garten.

Sieben Jahre Hoffen, Bangen,
endlos sehnendes Verlangen –
und doch: unwissend Sicherheit,
dass sich erfüllte unsere Zeit.

Der Große Wagen ist nun dein
und meine Liebe obendrein –
bei Tag und auch zur Sternennacht
bleib es auf ewig – Himmelsmacht!

Du weiße Wolke

Du weiße Wolke über mir,
verschwebend, flüchtig, weit,
fliegst einfach nur als Himmelszier
in deiner Leichtigkeit.

Du flüsterst mir, dem Erdenschweren,
ins Herz wie zum Geleit:
Hör auf, den Himmel zu begehren,
begehre Leichtigkeit!

Das wär ein Wunsch, das lässt sich hören!
In alle Ewigkeit
soll mich dies eine nur beschweren:
Ich wünsch mir Leichtigkeit!

Eigentlich

Eigentlich
bin ich nicht alt,
bloß wegen grauer Haare
und weil im Lauf der Zeiten halt
sich sammeln viele Jahre.

Eigentlich
macht es mir Spaß,
von einer hohen Warte
zu schauen in der Zeiten Maß,
in alles Offenbarte.

Eigentlich –
so kommt mir vor,
ist's wie ein Bogenstrich:
Alt werden ist ein schönes Tor
für Junge –
eigentlich.

Einzig

Ein jeder Mensch hat eigen
Traumbild, Berufung, Weg,
und jedem muss sich zeigen
Richtung und Plan und Steg.

Des Menschen Weg reicht dar,
was zur Erfüllung drängt,
und er macht offenbar,
wohin der Ruf uns lenkt.

Kein and'rer kann ersetzen
dies eine einsam' Streben,
nur er kann glücklich schätzen
sein eigen einzig Leben.

Denn was er tut und schafft,
bleibt einzig seiner Art,
mit seiner Lust und Kraft –
einmalige Lebensart.

So bleib du ohnegleichen
in deiner Lebenszeit,
treu und ein leuchtend Zeichen
der Einzigartigkeit!

Erinnerung und Hoffnung

Tausendfach Vorübergang
im Sekundenstaub.
Verweht für Ewigkeiten lang
meiner Erinnerung Laub?

Warum bleibt meinem Innern nicht,
was mir die Zeit entführte,
als drängte mich geschautes Licht
ins Heute wie ein Hirte?

Da ist erwachendes Erkennen
und Kraft wie junges Grün;
sie lebt aus der Erinnerung Sehnen,
muss lassen, um zu blüh'n.

So viele Hoffnungsbögen noch
in meinen Lebensstücken,
sie fügen sich als Segen doch
zu neuer Wege Brücken.

Tausendfach ein neues Hoffen
in jedem Augenblick.
Ewiges Heute steht mir offen
ganz jung und voller Glück!

Manchmal

Manchmal hab ich das Gefühl,
so wie ich leb, das ist nicht viel.
Ein jeder Tag im gleichen Trab –
ist das denn alles, was ich hab?

Könnt ich nicht allem mal entflieh'n,
ganz ohne Fessel und Termin –
wie eine Wolke nur entschweben
hin zu einem freien Leben?

Doch wenn ich dann ganz ledig wär,
ganz frei und keine Fragen mehr –
keine Umarmung mehr, kein Kuss –
ob ich mir so was antun muss?

Da spür ich noch mal ganz nach innen
und fühle doch mit allen Sinnen,
wie grade dieses Leben so
es nirgends sonst gibt ebenso.

Einmalig sein – ich bleib dabei:
Es sei mein Leben, wie es sei.
Ich sage JA zu Jahr und Tag,
zu allem, was noch kommen mag.

Entfliehen wie der Wolken Zug,
das ist zum Leben nicht genug.
Ich leb der Jahre vollen Klang –
für mich und euch ein Lobgesang!

Glück

Ach ja, das Glück, geliebtes Wort,
das ich gern wünsche allen;
wem wird es nicht gefallen
zu jeder Zeit, an jedem Ort?

Lässt sich auch streiten über Glück,
ob's dann und wann ein's war,
so ist doch eines klar:
Glück ist ein starkes Stück!

Es ist ein Wort, so licht und leicht
und doch ganz seltsam schwer,
wie Gold und noch viel mehr,
ganz nah und unerreicht.

In einer einzigen Silbe Blitz
leuchtet sein Zauber auf
und wie der Wolken Lauf
entschwindet's dem Besitz.

Man kann's nicht leicht erdenken,
man kann nur eines machen:
sein eig'nes Glück mit Lachen
den andern weiterschenken.

Glückwünsche sind schön
sie bringen Leib und Seele
göttlichen Segen

Heimat

Schon immer spürt' ich dieses Regen
in meinem Geist und Blut –
es ist voll Freude, Trost und Mut
und wie ein eig'ner Segen.

Der Väter Land unzähl'ger Erben,
ihr Schaffen, süß und bitter,
und mitten drinnen Zeit der Mütter,
ewig Geburt und Sterben.

Da ist nicht nur Geborgenheit,
doch Winkel voller Glück.
Was bleibt im Innersten zurück,
in Fluchten himmelweit?

Am Anfang war es nur ein Wort
wie „Heimat" – fern und nah
gleich wie das Land Utopia
und doch mein Wurzelort.

Ich trag es mit mir alle Zeit,
weiß mich noch nicht am Ziel,
doch mehr als seliges Gefühl
trägt's mich zur Ewigkeit.

Heute für morgen

Ein Weiser ging einst über Land,
sah einen Mann, der pflanzte gut
einen Baum – Johannisbrot.
Der Weise ihm den Gruß entbot
und fragt: In wie viel Jahren tut
der Baum dir Früchte in die Hand?

Der Mann sagt: In gut zwanzig Jahren.
Der Weise ruft: Du bist ein Narr!
Du wirst es nimmermehr erleben,
pflanz lieber Rüben oder Reben,
die dich erfreuen Jahr für Jahr –
wie sonst der Mühe Lohn erfahren?

Der Mann beendet still sein Pflanzen,
voll Freude schaut er auf den Baum
und spricht zum Weisen: Denke –
ich fand als Kind Geschenke
in Bäumen voller Lebensraum,
konnt' satt vor Freude tanzen!

Ich habe nichts dazu vollbracht –
es war das Werk der Väter!
So will auch ich es halten,
will pflanzen wie die Alten
und mahnen: Denk an später!
Es wächst für euch bei Tag und Nacht!

Hab ich genossen ohne Last,
so will ich heut' für morgen,
was künftig dient, gestalten.
Und werd' ich einst erkalten,
schöpft ihr aus meinem Sorgen:
Genießt es dankbar wie ein Gast.

Das gilt auch jetzt und immer:
Brich heut' dein Brot, gib gerne!
Jetzt pflanze deinen Baum
und träume deinen Traum,
gleich, ob es nah, ob ferne –
so wahr wie heut wird's nimmer!

Hymnus für ein Neugeborenes

Ein Menschlein bist du unter allen
und doch ganz einzig uns geschenkt,
als Stern in unsern Schoß gefallen,
in unser Dasein eingesenkt.

So zart und rein uns anvertraut,
in schwache Hände uns gelegt,
hast du uns ohne Arg erschaut
und wunderlich das Herz bewegt.

Dein Lächeln spiegelt insgeheim,
was hinter allen Rätseln steht.
Du lehrst uns neuen Lebens Reim,
du bist, was wir uns heiß erfleht.

Wir schenken Glauben dir und Hoffen
als Grund und Lebensmelodie,
an jedem Tag in neuen Strophen
allein für dich, hör nur und sieh!

Wir singen dir von roten Rosen,
von ihren Farben, ihrem Duft,
von Tulpen und von Herbstzeitlosen
und von warmer Sommerluft.

Wir singen dir in alten Weisen,
was unserem Leben Fülle gibt,
wir lassen uns're Sinne kreisen
um alles, was dich trägt und liebt.

In allen unseren Liedern klinge
göttliche Freude an dein Ohr,
damit dein Herz auf immer singe
in der neuen Schöpfung Chor:

Getauft mit Wasser und mit Feuer
sei dein Leben hell und licht,
befreit zum Leben – sei Befreier
für alle, die Gott kennen nicht!

Sei ohne Angst und dunkle Sorgen –
Gott führt dich gut auf seinen Wegen.
ER ist dein Heute und dein Morgen
und deines ganzen Glückes Segen.

Immer noch Frühling
(Anja zum 18. Geburtstag)

Plötzlich, eines Morgens
bist du erwachsen.
Du reibst dir verwundert die Augen.
Es ist Tag, hell flutet die Sonne ins Zimmer.
Heute beginnt neu dein Leben.

Erwachsen? Der Jugend entwachsen?
Entlaufen dem Feuer,
das Stürme entfacht?
Von nun an geschützt
vor den Wogen entfesselter Kraft?
Gebändigt
von der Langeweile der Großen?
Erwachsen – ich?
Nein, wachsen will ich und leben
und wissen, was Liebe ist und Tod.
Nicht Schmerzen fürcht ich,
nur Stillstand und Gefangensein
in der Freiheit der Gleichgültigen.
Ich lasse es los,
was gestern noch Kind in mir war,
und berge es warm
im Teich meiner Träume.
Dort spiegelt der Mond sich
und lächelt mir zu:
Auf Wellen schaukeln die Blüten
der Apfelbäume:
Immer noch Frühling!

Lebensabend

Wenn Stille einkehrt in den Gassen,
der Schritt verhallt in Schattengängen,
verklingt Erinnerung, verblassen
Gedanken, die noch immer drängen.

Der Weisheit sanfte Heimlichkeit
verbirgt, beschützt Vergessen mild,
bedeckt barmherzig, warm und weit
das Laute mit des Schweigens Schild.

Nun wird mir, was noch ziellos irrt,
im Herzen warm und lind und hell,
ein Friede füllt mich ganz und führt
zu einer tiefen Hoffnung Quell.

Leichtigkeit

Ich wünsch dir etwas Schweres:
Leichtigkeit.
Lass Flügel wachsen
deiner matten Seele
und Schatten sich
zu seligen Kräften
wandeln.

Ich wünsche dir
ein kindliches Vertrauen,
es braucht
bis morgen nur zu reichen.
Verweil im Augenblick
mit wachem Herzen.

Ich wünsche dir
für viele Wege
Hoffnung
und über dir den Himmel
voller Lachen
und deinen Schritten
heiter freies Spiel.

Ich wünsche dir
einfache kleine Dinge,
denn sie sind
voller Weisheit, voller Sinn.
Sie lehren dich das Schwere:
Leichtigkeit!

Mein Leben – meine Welt

Gehörte mir die Welt,
ich würde meine Zeit
wahrscheinlich nur vergeuden,
säß unterm Himmelszelt
in eitler Säumigkeit,
verlöre mich in Freuden.

Doch weil mir aufgetragen,
mit meinen Möglichkeiten
nach Großem stets zu streben,
muss ich der Lust entsagen,
in unbegrenzte Weiten,
verfehlen dieses Leben.

Und wenn ich's recht bedenke,
sind es die hohen Ziele,
was mich so heiter hält,
in die ich mich versenke
mit Leidenschaft und Wille,
und so wird's *meine* Welt!

Rosen der Liebe

Rosen der Liebe
verwelken nicht,
sie fallen
zum Himmel zurück,
wo sich Engel
vorübergehend
darauf betten,
bis sie uns damit
einst
einen Strauß
seligen Willkommens
binden.

Ruhestand

Jetzt mach ich mir viel schöne Tage
zuhaus' in meiner Wohnung;
ich fliehe alle Müh' und Plage
und gönn mir endlich Schonung.

Nun lass ich viele Dinge liegen
bis zu Sankt Nimmerlein.
Ich werde meine Lust besiegen,
der Erste stets zu sein.

Ach ist es schön, mal nichts zu tun,
derweil die anderen schaffen!
Für mich ist jetzt Zeit auszuruh'n
und richtig auszuschlafen.

Oh wie ich diese Tage liebe
mit so viel Ruh' zu leben!
Aus ist es mit Termingeschiebe,
was drückte, darf entschweben!

Und komm ich auf 'nen Sprung zurück
und höre, wie ihr stöhnt,
dann gönnt mir dieses große Glück:
Ich bin jetzt stressentwöhnt!

Sag, was ist Glück?

Sag, was ist Glück – ich möcht es wissen,
und wo es ist zu finden?
O lass mich nicht im Ungewissen,
so gern möchte ich's ergründen.

So spricht ein Weiser: Glück, das ist
bei dir am frühen Morgen,
wenn du ganz ausgeschlafen bist
trotz aller Tagessorgen.

Und Glück ist, wenn kein Schuh dich drückt
und dir mit leichtem Schritt
der Weg, der deiner ist, recht glückt
in heiterem Gemüt.

Acht auf der kleinen Dinge Klang,
ja selbst noch auf die Krümchen,
dann wächst du glücklich lebenslang
so leicht wie Gänseblümchen!

Zeit

Es ist noch eine Weile hin,
bis es die Zwölfe schlägt
und einer neuen Stund' Beginn
zum Aufbruch mich bewegt.

Wer so in seines Lebens Lauf
in Jahren, Tagen und Minuten
schaut zu einer Uhr hinauf –
was ist da zu vermuten?

Ich weiß: Ein jeder Stundenschlag
erinnert Pessimisten
ans Ende, das bald kommen mag,
wenn sie's nur besser wüssten!

Ich geh in jede Stunde neu
hinein als Optimist,
voll Neugier und ganz ohne Scheu,
was drin geboten ist.

Kein Grund zur Unrast weit und breit,
drum sei das Jetzt gewagt!
Der liebe Gott schenkt mir die Zeit,
von Eile hat er nichts gesagt.

Zum Geburtstag

Und wieder einmal rundet sich dein Leben,
doch jugendlich zu denken fällt dir leicht.
Kann es denn einen Lebensabschnitt geben,
wo heimlich dir des Willens Schwung entweicht?

Noch füllen Welten dich an Fantasie,
du kennst und schätzt die Stärke der Gefühle,
du weißt zu siegen, Mut verlässt dich nie
und Abenteuerlust bezwingt des Alltags Mühle.

Niemand wird alt, weil sich die Jahre mehren,
man altert, wenn die Seele ohne Licht;
drum lass dir Ideale nicht verwehren –
du bist so jung wie deine Zuversicht!

Und auch wenn Falten sich zu zeigen wagen:
Behalt den Mut – nimm's herzhaft, mit Bedacht.
Nur wer beginnt, Begeisterung zu entsagen,
dem runzelt seine Seele über Nacht.

In deinem und in jedem Herzen
wohnt Sehnsucht nach dem Wunderbaren,
nach Staunen, Beben, Lachen, Scherzen,
Geborgensein im Schatz des Wahren!

Du bist so jung wie hoffnungsfroh,
Vertrauen füllt dich, Sinnenkraft,
steck and're an, die ebenso
das Leben suchen voller Leidenschaft.

Dich trägt der Himmel wie die Erde,
aus Herzensmitten folgst du guten Wegen.
Und dass ein jeder Tag dich freuen werde,
das schenk dir Gott mit seinem Segen!

Neues Lebensjahr

Das Leben führt uns bunt gesäumte Pfade,
und gut ist's, achtsam zu vertrauen,
wie denn auch herbstlich bunte Auen
uns wohl erinnern an empfang'ne Gnade.

Hemmt unsern Schritt so manche schwere Last
und Trauer, wenn uns Liebes weggenommen,
hofft doch das Herz der Sonne lindes Kommen,
auch wenn noch Schatten bleiben stets zu Gast.

Und wo sich zweier Herzen Hoffnung findet,
da öffnet neuer Himmel seine Hüllen.
Ja, er erschließt sich jedem guten Willen,
damit sich göttlich neues Licht entzündet.

Glück ist vergänglich – federleicht – wie Luft,
und doch birgt es des Heiligen stillen Glanz,
der alle Erdenschwere heilt und ganz
in Gottes schöpferisches Schaffen ruft.

So bleibe du in deinem neuen Lebensjahr
gelassen, heiter, allem zugewandt,
was dir das Leben reicht mit off'ner Hand.
Du bist behütet jeden Tag so wunderbar.

Gedanken zur Ehe

Wie zwei Bäume sein:
jeder mit eigener Wurzel,
mit eigener Geschichte,
mit eigenen Wachstumsgesetzen,
mit eigenen Grenzen,
mit eigenen Möglichkeiten,
sich zu entfalten –
und doch:
ein gemeinsames Dach bilden,
in großer Nähe,
in treuer Freiheit,
im gegenseitigen Berühren,
im Sich-Durchdringen
mit dem Eigenen,
dem Kostbaren,
dem Einmaligen.
Gemeinsam da sein,
nebeneinander und miteinander,
füreinander und
für andere zum Schutz,
Geborgenheit verschenkend
unter einem Dach
der Liebe.

Zwei Bäume
(für ein Brautpaar)

Zwei Bäume trafen sich – o Wunder! –
und blieben in der Höhe steh'n:
„Hier kann uns Luft und Licht umweh'n" –
und hakten sich in Ästen unter.

„Mir scheint", so sprach der eine dann,
„ich bin von gleicher Art wie du;
komm, schau'n wir uns beim Wachsen zu;
auf deine Nähe kommt's mir an!

Auch wenn wir frei sind, du und ich,
so halten Wurzeln uns im Grund;
in Blatt und Blüte tun wir kund:
Hier fühlen wir uns heimatlich.

Kinder der Sonne und der Erden,
zu hohem Wuchs weit ausgestreckt
und doch aus Tiefen wohl bewegt,
die dich und mich von Anfang nährten …

Das sind wir beide: hohe Bäume –
verschieden und doch eins zugleich,
verbunden – und doch unerreicht,
und einzig – wie verlor'ne Träume.

Lass kosten mich von deiner Nähe –
in deinem Schatten lass mich ruh'n,
und – außer da sein – gar nichts tun,
derweil die Welt sich weiterdrehe.

Und irgendwann kommt's mir im Schlafen,
dass zwischen uns ein Mächt'ger wohnt,
für den es sich zu leben lohnt:
Er hat mich ja für dich geschaffen!

Und dich für mich! Dass es so sei:
Der Mittler zwischen uns vermählt –
erlöst uns, hin zur Neuen Welt –
wir bleiben uns in Liebe treu!

Wir sollen wachsen, blühen, reifen,
wo Gott uns beide hingestellt,
das ist der Sinn, der uns erhält,
im Herzen woll'n wir's ganz begreifen!"

Und immer neue Weite noch
(Angela zur Silberhochzeit)

Der erste Augenblick – als ich dich sah –
war wie ein Blitz, und ich war hingerissen,
und doch schien alles wie Utopia.
Du gingst vorüber, konntest ja nicht wissen,
wie sehr du ließest mich im Ungewissen,
nur ahnend aus der Weite dann dein Ja!

Ich wollte alles, alles für dich geben,
was es auf Erden gibt an Schätzen zu gewinnen.
Ich hoffte, wünschte, dass in unser beider Leben
die eine Sehnsucht zu gemeinsamem Beginnen
noch stärker war als alles bange Sinnen;
doch vorerst blieb die Weite – und mein Beben.

Zur rechten Zeit, geführt so ungeahnt,
verbanden sich dann uns're Lebenspfade,
vereinten unserer Liebe zartes Band
unlösbar fest im Segen großer Gnade
und führten uns ins Wahre und Gerade
und immer mehr ins Weite – Hand in Hand.

Was zählen Schmerzen noch und Fragen,
wenn sich in Liebe alles Leben rundet,
wenn fern verhallen alte Klagen,
wenn jeder lieben kann, was noch verwundet,
und warten kann, bis es gesundet,
und immer noch ins Weite ohne Zagen.

Und als das Schönste füllten unsere Kinder
die Schale unseres Lebens reich und voll.
In ihnen sehen wir, ob Sommer, Winter,
des Daseins Sinn und neuer Zukunft Wohl
und unserer Liebe Frucht so wonnevoll
und immer neue Weite noch dahinter.

Es ist die Weite, die uns so vertraut,
sie hat uns angezogen und verführt;
aus Himmels Fernen sind wir längst erschaut,
damit ein neuer Aufbruch uns gebiert
und Ewigkeit uns endlich sacht berührt
und offene Weite uns für neues Leben traut.

INHALT

Zum Geleit   8

I JAKOBSWEG   11

Brich auf, mein Herz	13
Vor der Pilgerschaft	14
Jakobsbrunnen im Schnee	15
Pilgerschaft	16
Ins Eigene	17
Sehnsuchtsweg	18
Steh auf und geh!	19
Trau deinem Weg	20
Aufbruch-Gebet	21
Fernweh	22
Schritte werden Weg	23
Noch kenne ich dich nicht …	24
Der Große Weg	25
Aufbruch	26
Jakobus im Konstanzer Münster	27
Felsenkapelle	28
Conques	29
Kreuzgang in Moissac	30
Jakobspilger	31
Pilgerherberge	32
Es geht	33
Eunate – Kirchlein im Kornfeld	34
Jakobus in Puente la Reina	35
Pilgerbrücke	36
Brücken	37
Neuer Aufbruch	38
Ballade vom Hühnermirakel	39
Meseta im Sommer	46
Inneres Fühlen	47
Ultreia – vorwärts	48
Geschlossene Kirche	49
Nach vielen still geword'nen Schritten …	50
Nichtgedanken	51
Villafranca del Bierzo	52

Gelobtes Land: Galicien	53
Cebreiro	54
Der gelbe Pfeil	55
Wenn ich ins Heiligtum will gehn …	56
An der Mittelsäule (Portico de la gloria)	57
Compostela	58
Die Kathedrale von Santiago	59
Botafumeiro	60
An der Puerta Santa	61
Offene Tür	62
Auf dem Sternenweg	63
Regen in Santiago	64
Der Weg hat mich gelehrt …	65
Ginster am Weg	66
Finis terrae	67
Jakobsmuschel-Meditation	68
Jakobuslied	69
Jetzt	70
Pilgerlied (Emmaus)	71
Zuhause sein	72
Zurück in den Alltag	73

II WEGE IN DIE STILLE – WEGE AUS DER STILLE   75

Absichtslos	77
Der Alltag ist die Übung	78
Der inneren Kraft vertrauen	79
Erleuchtung	80
In der Stille	81
Lassen und Tun	82
Meditation	83
Neuer Tag	84
Noch Fragen?	85
Raum der Stille	86
Schweigen	87
Schweigen, hören, gehen	88
Stufen ins Licht	89
Suchst du, mein Herz	90
Unkraut und Weizen	91
Verwundeter Kirschbaum	92

Was ist's?	93
Weg-Meditation	94
Wie soll ich meinen Weg denn finden?	95
Worte bewahren	96
Fülle und Nichts	97

III GLAUBENSWEGE — 99

Abwesend nah	101
Ahnung	102
Taufpsalm	103
Vertrauen	104
Wer Wunder sucht	105
Leben aus Gottes Kraft	106
Am Brunnen*	107
Baumgebet	108
Maria Magdalena*	109
Anders wirklich	110
Gespräch mit meinem Engel	111
Das Erinnern	112
Das Glück in dir	113
Das Heilende	114
Der barmherzige Vater*	115
Der Glaube*	116
Der Tod gehört zu mir	117
Du legst dein Licht	118
Effata-Gebet*	119
Emmaus	120
Fels sein	121
Geträumtes Gebet	122
Göttliche Sprache	123
Grüner Pfingsthymnus*	124
Ich bin	125
Ich bin dein Kind	126
In allem ist Unsterblichkeit	127
In immer neue Weiten	128
Osterhymnus*	129
Thomas	130
Ein Ja	131

IV WEGE DURCH JAHRESZEITEN 133

Spuren 135
Alles im Fluss 136
Blütentraum im Februar 137
März-Bäume 138
Frühling 139
Die Sonne lockt 140
Osterfreude 141
Mai 142
Morgenlied 143
Wir gingen still 144
Die Rose 145
Es zog mich 146
Freude am Regen 147
Hibiskus 148
Ernte 149
Im Ährenfeld 150
Gänseblümchen 151
September 152
Urlaubsgedanken 153
Halt inne 154
Am Weinstock 155
Herbst 156
Herbstlied 157
Laub kehren 158
Baum des Lebens 159
Das Tun-Wort „weihnachten" 160
Innen und außen 161
Blick zu den Sternen 162
Jetzt ist die Zeit 163
Engel 164
Auf dem Weg zur Krippe 165
Weihnachtlich widerständiges Gebet 166
Jahreswende 168
Lebensübergabe 169
Nun schreiten wir 171

V DAS KLEINE SCHÖNE 173

Das kleine Schöne 175
Akelei 176
Der Große Wagen 177
Du weiße Wolke 178
Eigentlich 179
Einzig 180
Erinnerung und Hoffnung 181
Manchmal 182
Glück 183
Heimat 184
Heute für morgen 185
Hymnus für ein Neugeborenes 187
Immer noch Frühling 189
Lebensabend 190
Leichtigkeit 191
Mein Leben – meine Welt 192
Rosen der Liebe 193
Ruhestand 194
Sag, was ist Glück? 195
Zeit 196
Zum Geburtstag 197
Neues Lebensjahr 198
Gedanken zur Ehe 199
Zwei Bäume 200
Und immer neue Weite noch 202

Quellenhinweise:

Die Federzeichnungen zu Stationen des Jakobsweges (Kap. I) hat unser Mitpilger, Willibald Haberzettel, Architekt in Göppingen (✝2013) während seiner Santiago-Pilgerreise im Oktober 1993 angefertigt; wir danken seiner Frau Hildegard sehr herzlich für die freundlich erteilte Abdruckerlaubnis.

Das Titelfoto (Blick vom Kap Finisterre zum Atlantik) und die übrigen Grafiken stammen vom Autor. Die Grafik zum Kapitel III GLAUBENSWEGE zeigt das „*Chrismon*" (Christuszeichen), das sich über der Mittelsäule am Südportal *(Puerta de las Platerias)* der Kathedrale von Santiago de Compostela befindet. Es ist ein kosmisches Symbol und erinnert den Pilger, der Santiago erreicht hat, daran, dass nun der neue Aufbruch in den Alltag beginnt, in dem sich seine Pilgerschaft bewähren muss.

Wer den Weg liebt, glaubt an das Ziel

Die ganz andere Erfahrung des Jakobsweges
318 Seiten, ISBN 978-3-86279-507-9

Fast vier Jahrzehnte lang hat Wolfgang Schneller zusammen mit seiner Frau Angela Menschen auf dem Jakobsweg nach Santiago de Compostela begleitet. Seine vor allem spirituelle Erschließung der berühmten Pilgerstraße verhalf allen, die den Weg nicht zu Fuß gehen konnten oder wollten, zu der tieferen Erkenntnis: *„Pilgerschaft ist nicht nur eine Sache der Füße, sondern vor allem eine Sache des Herzens."* Geistig-geistliche Offenheit für die Botschaften des Weges, der Sehenswürdigkeiten, Landschaften und vor allem die Begegnung mit den Menschen zählen viel mehr als körperliche Kraft und Leistung. Auf faszinierende Weise berühren die spirituell tiefen Impulse des Autors und vermitteln eine Erfahrung, die den Leser in ihren Bann zieht.

WAGNER VERLAG
www.wagner-verlag.de

Was bleibt, ist das Wunder

Ein Lesebuch für Realisten

107 Seiten. ISBN 978-3-95630-230-5

Der Autor begleitete über Jahrzehnte Menschen auf ganz unterschiedlichen Lebenswegen und erlebte dabei Wunder – bei anderen und bei sich selbst. Darum schreibt er nicht nur über eigene Erfahrungen, sondern lässt auch andere zu Wort kommen. Es ist spannend, aus journalistischer, psychotherapeutischer oder theologischer Sicht zu erfahren, wie wir als moderne, aufgeklärte Menschen heute „Wunder" erleben und sowohl die Wunder der Bibel wie auch die kleineren oder größeren Wunder inmitten unseres Lebensalltags verstehen können. Sind Wunder so etwas wie Poesie in unserem Leben? Dieses Buch legt uns wahrhaft erstaunliche Perspektiven vor!

WAGNER VERLAG
www.wagner-verlag.de